ON THE DARK SIDE

Löse 5 packende True-Crime-Fälle
und viele Escape-Rätsel auf Englisch

von Ulrike Wolk und
Annekatrin Baumann

PONS
ON THE DARK SIDE

Löse 5 packende True-Crime-Fälle
und viele Escape-Rätsel auf Englisch

von
Ulrike Wolk und Annekatrin Baumann

1. Auflage 2023

© PONS Langenscheidt GmbH, Stöckachstraße 11, 70190 Stuttgart, 2023
www.pons.de
Alle Rechte vorbehalten.

Projektleitung: Angela de Riese
Korrektorat: Ian Dawson
Rätselillustrationen: Inga Steinmetz
Logoentwurf: Erwin Poell, Heidelberg
Logoüberarbeitung: Sabine Redlin, Ludwigsburg
Innenlayout: Petra Michel, Amberg
Covergestaltung: Anne Pixaras, PONS Langenscheidt GmbH, Stuttgart
Satz: digraf.pl - dtp services
Druck und Bindung: Multiprint GmbH, Kostinbrod

ISBN: 978-3-12-562467-2

WILLKOMMEN

COME RIGHT IN!

S chön, dass du da bist, komm herein! Du befindest dich auf einer Reise an einen anderen Ort und in eine andere Zeit. Schon die erste Geschichte **Resurrection Men** wirft dich mitten hinein in das Edinburgh des 20. Jahrhunderts, in das Zeitalter klappernder Pferdekutschen und finsterer Gassen voller zwielichtiger Gestalten, aber auch in die Ära der schottischen Aufklärung mit bahnbrechenden Entdeckungen in Medizin und Forensik. Und da du nun in Schottland bist, sprechen natürlich alle auschließlich Englisch!

True Crime

G emeinsam mit Archie, der am berühmten anatomischen Institut in Edinburgh studiert, und seiner Tante Agatha, einer scharfsinnigen Autorin wahrheitsgetreuer Kriminalgeschichten, tauchst du in **fünf** verschiedene **wahre Verbrechen** ein. Manche Details wurden hinzugedichtet, doch im Kern sind alle Fälle so passiert, wie blutig und verstörend sie auch sein mögen – sei also gewarnt! (Wenn du genau wissen möchtest, was Fakt und was Fiktion ist, blättere auf Seite 125. Aber Vorsicht, Spoilergefahr!)

Über viele spannende Seiten verfolgst du den Fall und versuchst, ihn zu lösen. Beim Verständnis der englischen Texte helfen dir **Wortschatzangaben** am Rand. Am Ende des Buches findest du eine **alphabetische Wortliste,** in der diese und viele weitere wichtige Wörter aufgeführt sind – und alle übrigen kannst du ganz komfortabel auf www.pons.de nachschlagen.

An vielen Stellen erfährst du in zusätzlichen **Infoboxen** mehr über die geschichtlichen Hintergründe und über sprachliche Besonderheiten.

Escape-Rätsel

Um die Fälle zu lösen, müssen Archie und Agatha verschiedenste **Rätsel** knacken. Und jetzt kommst du ins Spiel. Du kannst Hinweise deuten, mitraten und der Lösung des gesamten **Falls** so immer näher kommen. Pro Fall warten vier bis fünf harte Nüsse auf dich. Die Rätsel stehen immer am Ende einer Seite, du erkennst sie an den roten Rätselfragen:

 Was hat Peter herausgefunden?

Manche Rätsel finden direkt im Text statt, bei anderen musst du eine Illustration ganz genau untersuchen. Oft kann es helfen, dir **Notizen oder Zeichnungen** zu machen. Platz dazu findest du auf den Seiten 110 bis 120 im **Anhang**. Hier kannst du auf linierten, karierten oder leeren Seiten kritzeln und konstruieren. Vielleicht hilft es dir auch, das gesamte Alphabet einmal aufzuschreiben, um einen Code zu knacken.

Wenn du einmal nicht weiter kommst, helfen dir **Tipps**. Unter jedem Rätsel findest du drei verschiedene Symbole:

Tipp 1: 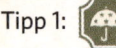 Beginne mit dem ersten Symbol ganz links. Suche auf der **vorderen Umschlagklappe** genau die richtige Kombination aus Farbe und Symbol. Dieser Kombination ist eine Nummer in der Tabelle zugeordnet. Dies ist die Nummer des ersten **Hinweises**, den du auf den Seiten 121 bis 124 im Anhang findest.

Tipp 2: Brauchst du noch einen weiteren Tipp? Dann wiederhole den Vorgang mit dem zweiten Symbol in der Mitte.

Tipp 3: Achtung! Das dritte Symbol ganz rechts führt dich direkt zur **Auflösung** des Rätsels.

Also nochmal zum Überblick: Symbol plus Farbe auf der Umschlagklappe suchen – Hinweis im Anhang lesen – Rätsel knacken!

Probier es doch mal aus! Suche dieses Symbol in der Matrix:

Beim **Abschlussrätsel** auf der letzten Seite jedes True-Crime-Falles bist du noch einmal besonders gefordert: Hier kannst du dir immer auch die dreistellige Seitenzahl errätseln, auf der die **Auflösung des Kriminalfalles** zu finden ist.

And now have fun and enjoy the trip!

ABKÜRZUNGEN

sb	somebody
sth	something
jdm	jemandem
jdn	jemanden
jmd	jemand
jds	jemandes
Pl.	Plural

INHALT

RESURRECTION MEN
Leichenräuber im Dienste der Wissenschaft. Doch wie weit gehen sie, um Nachschub zu besorgen? Archie und Agatha sind ihnen auf der Spur. **7**

THE DREAMER
Ein Toter wird in einem abgelegenen Loch in den einsamen schottischen Highlands gefunden. Hilft übersinnliches Talent bei der Aufklärung? **27**

FATAL ATTRACTION
Eine Liebesaffäre in den höchsten gesellschaftlichen Kreisen Glasgows nimmt eine dramatische Wendung. **47**

OPEN SEASON
Die Jagdsaison ist eröffnet. Doch unter den Opfern auf den Jagdgründen von Ardlamont House sind nicht nur Vierbeiner. **69**

THE CROCODILE
Ein tragischer Todesfall bringt Agatha in das Haus eines trauernden Witwers. Schnell bemerkt sie, dass sich hier noch mehr Geheimnisse verbergen. **89**

Cases Files – Nützliches für deine Ermittlungen
Platz für Notizen — **109**
Hinweise und Lösungen — **121**
Author's Notes — **125**
Alphabetische Wortliste — **128**

CHAPTER 1

RESURRECTION MEN

CHAPTER 1
RESURRECTION MEN

Breakfast with Lady Agatha

Lady Agatha Montgomery gähnt hinter vorgehaltener Hand, als ihr Neffe Archibald MacPherson das opulente Frühstückszimmer ihres Stadthauses in Edinburgh betritt. „It's so nice to see you, Archie", begrüßt sie den jungen Mann, „but does it always have to be at such an ungodly hour?" Archibald legt die Stirn in Falten. „It's almost ten o'clock, auntie. I thought …" „Oh well, you thought right: I am awake." Archie nimmt am Tisch Platz, wo Betsy, das Dienstmädchen, bereits ein Gedeck für ihn platziert. „Have you been writing again?", fragt Archie amüsiert, als Agatha abermals heftig gähnen muss. „Indeed I have", bestätigt diese. „And you know that I always do my best writing after midnight." „Well, in that case I am sorry to intrude so early", lächelt Archie. Er liebt und schätzt die packenden Schauergeschichten, in denen seine Tante die üppige Welt schottischer Legenden und Sagen mit den Abgründen der menschlichen Natur und dem ein oder anderen Seitenhieb aufs Zeitgeschehen verbindet. „The best way to make up for the early visit is to entertain me with a gruesome tale from the world of death and decay", erklärt Agatha mit einem leichten Augenzwinkern.

Archie stößt ein trockenes Lachen aus. „My work is hardly as terrible as you think." Nach kurzem Überlegen fügt er hinzu. „Also, it's hardly as exciting." „The mysteries of human anatomy? Not exciting?" Agatha zieht eine Augenbraue hoch. „You surprise me!" Archibald muss schon wieder lächeln. Seine Tante Agatha stellt sich ein Medizinstudium wesentlich aufregender vor, als es ist. Dabei ist es in erster Linie teuer. Immerhin ist es ihm gelungen, seinem Professor zu assistieren. Viel Geld bekommt er dafür nicht, er darf aber an den anatomischen Übungen – dem Sezieren von Leichen – teilnehmen, ohne die horrenden Gebühren bezahlen zu müssen. „It is tedious, repetitive work", merkt er an, „but I'm getting better, and the professor lets me do the more complex tasks now." „Very glad to hear that", nickt Agatha. „Will you have some kidneys?" „No", schüttelt Archie heftig den Kopf. „I'll just have some toast." „Isn't it exciting to look at the

WORTSCHATZ

resurrection *Auferstehung*
ungodly hour *unchristliche Zeit*
to intrude *eindringen, stören*
to make up for sth *für etwas entschädigen*
gruesome tale *schaurige Geschichte*
decay *Verfall*
anatomy *Anatomie*
hardly *kaum*
tedious *mühsam*
repetitive *Routine-, sich wiederholend*
kidney *Niere*

CHAPTER 1
RESURRECTION MEN

body of a real murderer?", sinniert Agatha über einer Tasse Tee. „No, not really", schüttelt Archie den Kopf. „They're just like anybody else." „Now, I wonder ..." Archie muss lachen. „Auntie, you're halfway into one of your scary stories already. I can see it in your face." „I might be", stimmt Agatha zu, „but is it true that Alexander Munro, your professor, always gets the bodies of the hanged criminals?" „There haven't been a lot of executions lately." Archie schaut nachdenklich in seine Teetasse. „There are never enough bodies. I wonder how Dr Knox is doing it. He has dozens of students doing dissections all the time ..." Sein Blick bleibt an der Zeitung hängen, die auf einem silbernen Tablett auf dem Frühstückstisch liegt. Eine Anzeige auf dem Titelblatt erklärt:

RESURRECTIONISTS

Resurrectionists oder resurrection men machten ein Geschäftsmodell daraus, zuvor bestattete Leichen wieder aus den Gräbern zu holen und an die anatomische Forschung zu verkaufen. Sicherheitsmaßnahmen wie schmiedeeiserne Särge waren die logische Folge.

„Well, it's obvious", sagt Agatha und wedelt mit der Hand in Richtung der Zeitung. „He's buying them from resurrectionists." „I guess that's true", seufzt Archie. „The resurrection men are a real problem these days." „Why don't the police stop them then?", fragt Agatha erstaunt. „The problem is that stealing and selling a corpse isn't really illegal." „Not illegal!", ruft Agatha entrüstet, doch Archie nickt: „As long as they don't steal anything else from the grave, it's not theft. The body doesn't belong to anyone, that's the law. So they strip the bodies of any clothes and jewellery ... and probably sell it to Barclay's School of Anatomy." „That's Knox's school, isn't it?", will Agatha wissen. Archie nickt. „We at the Royal College wouldn't do that."

WORTSCHATZ

murderer *Mörder/in*
halfway *hier: mitten in*
hanged *erhängt, gehenkt*
dozens of *Dutzende*
execution *Hinrichtung*
dissection *Sezierung, Sektion*
coffin *Sarg*
patent *patentiert*
wrought-iron *schmiedeeisern*
corpse *Leiche*
grave *Grab*
theft *Diebstahl*
to strip sb of sth *jdm etw abnehmen*

CHAPTER 1
RESURRECTION MEN

Archie zeichnet in seinem anatomischen Skizzenbuch, seine Stirn in sorgenvolle Falten gelegt. Es gibt jemandem an Barclay's School of Anatomy, dem er zwielichtige Tätigkeiten durchaus zutraut.

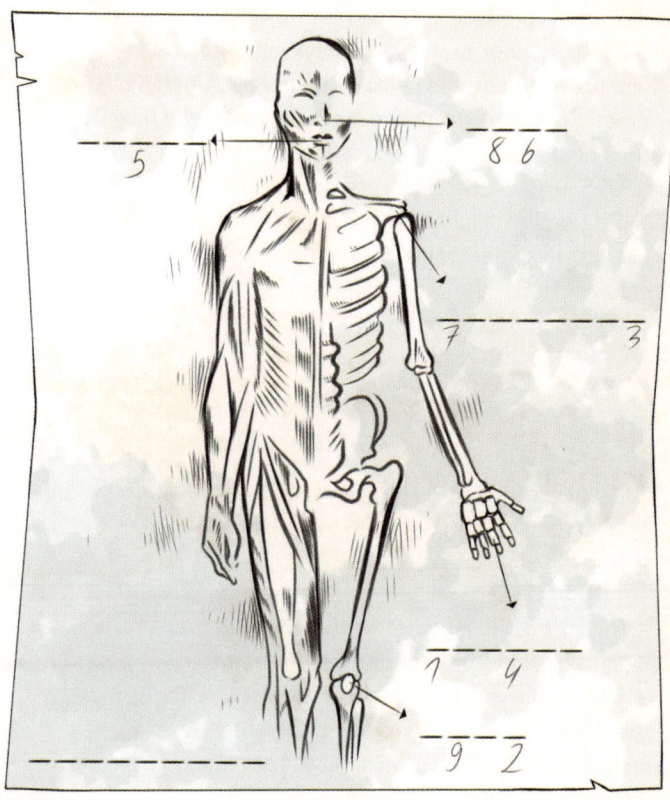

DIE SCHOTTISCHE AUFKLÄRUNG

Die schottische Aufklärung begann Mitte des 18. Jahrhunderts und war medizingeschichtlich eine bedeutende Epoche. Die intensiv betriebene Forschung brachte eine kaum stillbare Nachfrage an Forschungsmaterial – also Leichen – mit sich.

☛ **Wie heißt die Person, an die Archie denkt?**

CHAPTER 1
RESURRECTION MEN

How to Get Fresh Corpses

Archie hat gerade das Obduktionstheater von Professor Munro aufgeräumt und tritt hinaus auf den Surgeon's Square, den Platz zwischen dem Royal College of Medicine und Barclay's privater School of Anatomy. Auf dem Platz herrscht wie immer geschäftiges Treiben. Ein paar Medizinstudenten treten gerade aus der School of Anatomy heraus. Archie erkennt Simon Kelly, mit dem er schon mehrere Vorlesungen am Royal College besucht hat und geht auf ihn zu. Kelly ist Assistent bei Dr Robert Knox, dem erbitterten Konkurrenten von Professor Munro. „Glad to see you, old friend, but let's just walk on so nobody sees us together", sagt Simon leise. Archie hält Abstand, aber seine und Simons Schritte haben dasselbe Ziel. Kurze Zeit später sitzen die beiden im White Heart Inn, jeder hat ein Pint Ale vor sich. „Does Knox really think I'm a spy for Professor Munro?", fragt Archie amüsiert. „Probably", nickt Simon. „Anyway, if they don't see us together, they'll ask no questions." „Cheers", sagt Archie und erhebt zustimmend sein Glas. „It really seems like Knox has something to hide, though." „Just the usual dubious ways he gets his bodies", grinst Simon. „He buys them from resurrection men, doesn't he?" Archie ist gespannt, ob Agathas Vermutung zutrifft. Simon zuckt mit den Schultern. „He's got some ... let's call them ... suppliers of bodies. Fergusson is the one who usually deals with them." Archie weiß, wer Fergusson ist. Knox ältester Assistent lebt ganz in der Nähe und fungiert sowohl als Stellvertreter als auch als eine Art Nachtportier. Gerüchte besagen, dass er Pläne hat, Knox' Nachfolge anzutreten.

„To be honest", fügt Simon nach einem tiefen Schluck hinzu, „I am pretty sure that most corpses are stolen from their graves. You can usually tell ... and smell it." Archie rümpft unwillkürlich die Nase. „Don't look at me like that! How is Knox supposed to get any bodies when Munro gets all the hanged criminals exclusively? You know as well as I do that you can't become a good surgeon without doing a lot of dissections." „I know, I know", beschwichtigt Archie. „I just don't think it's right." „Anyway", fährt Simon, wieder deutlich ruhiger, fort „it seems to have become a lot more difficult to dig up fresh

WORTSCHATZ

fresh *frisch, neu*
spy *Spion/in*
cheers *zum Wohl*
dubious ways *zweifelhafte Methoden*
supplier *Lieferant/in*
to tell *bemerken, feststellen*
exclusively *ausschließlich, für sich allein*
surgeon *Chirurg/in*
to dig up *ausgraben*

CHAPTER 1
RESURRECTION MEN

corpses." „Why is that?", fragt Archie interessiert. „Graveyard patrols!", ruft Simon und zwirbelt das Ende seines Schnurrbartes. Archie schaut verständnislos auf. „**Guards, hired by the families. They protect the fresh graves for the first weeks after the burial. We've had a few bodies lately that were ... let's say, past their prime.**" Nun rümpfen beide die Nase. „**Also, prices are rising**", erzählt Simon weiter. „**Knox is charging four guineas for a course now. I'm glad I'm an assistant already.**"

Als Archie und Simon den Pub einige Zeit und einige Pints später verlassen, hat die Dämmerung bereits eingesetzt. Dennoch herrscht weiterhin geschäftiges Treiben auf dem Grass Market. Die Old Town ist, ganz im Gegensatz zur New Town, wo sich Aunt Agathas stattliches Haus am York Place befindet, eng und voller Menschen. Einwanderer, vor allem Iren, sind an ihrer Kleidung und dem Akzent zu erkennen. Viele sprechen Gälisch, was den Eindruck vermittelt, sich in einem anderen Land zu befinden. An einer Wand voller Bekanntmachungen hängt ein müde wirkender Plakatkleber ein neues Plakat auf. Darauf steht die Beschreibung eines Mannes:

> **GUINEAS**
>
> **Guinea** war der Name einer Goldmünze, die in Großbritannien bis 1814 geprägt wurde. Auch als sie nicht mehr ausgegeben wurde, wurden Preise noch lange mit Guineas (**1 guinea = 21 shilling**) angegeben.

POLICE NOTICE

Has anyone seen this man:
- about 25 years of age,
- approximately 6 feet tall
- brown hair, blue eyes.

Last seen in Old Town wearing a black coat. Anyone with information is urged to contact the local authorities immediately! Please refer to case number 13 - 9 - 19 - 19 - 9 - 14 - 7

WORTSCHATZ

graveyard *Friedhof*
patrol *Patrouille*
guard *Wächter/in*
burial *Beerdigung*
let's say *sagen wir mal*
past their prime *nicht mehr taufrisch*
to urge sb to do sth *jmd dringend bitten, etw zu tun*
local authorities *örtliche Behörden*

„I wonder why they are looking for this man", gähnt Simon.

Wieso sucht die Polizei nach dem Mann, der auf dem Plakat beschrieben wird?

CHAPTER 1
RESURRECTION MEN

Tea and Tears

A m Sonntagnachmittag scheint die Oktobersonne golden durch die riesigen Fenster in Aunt Agathas großem Haus in Edinburghs New Town. „**Thank you so much for inviting me**", sagt Simon, als er sich an der Teetafel in Agathas Salon niederlässt. „**My reasons are entirely selfish**", entgegnet Agatha mit einem leichten Lächeln. „**I told you my dear aunt is terribly interested in everything bloody and horrible**", grinst Archie und nimmt gegenüber Platz. „**Indeed I am**", stimmt diese zu, während Betsy, das Dienstmädchen, Tee einschenkt und kleine Törtchen anbietet. „**I am just interested in anything you know**", beginnt sie und rührt bedächtig in ihrer Tasse. „**A lot of people have gone missing in Edinburgh during the last couple of months, and Archie tells me that Dr Knox has an abundant supply of corpses ...**" Simon zuckt zusammen: „**Madam, you can't think there's a connection ... I suspect he's getting his bodies from graverobbers, resurrection men, body snatchers ... but these people are not missing. They died, were buried, and well ... removed from their graves, but ...**" Simon stockt. „**Dear Mr Kelly, you must excuse me, I've got a very dark imagination**", lächelt Lady Agatha. Ein Klirren, gefolgt von einem Schluchzen lässt alle innehalten. Hektisch bemüht sich Betsy die Scherben einer Untertasse einzusammeln. „**I am so sorry, Madam**", schluchzt sie, „**Your good china, I'm so clumsy ...**" Agatha betrachtet Betsy aufmerksam. „**Don't worry about the china, Betsy. I'd much rather know what is troubling you.**"

Betsy zittert und schnieft. Dann spricht sie, schnell, als ob sie vergessen könnte, was sie sagen wollte, wenn es nicht so schnell wie möglich herauskommen darf: „**It's about a friend of mine. She's one of the missing people. I spent almost two years in the Magdalene home with her, right before I started working for you. I saw her from time to time. Then one day she wasn't there.**" Agatha hat Betsy inzwischen auf einen Stuhl gesetzt und legt ihr die Hand auf die Schulter. „**When was that, Betsy?**", fragt sie. „**Just after her birthday, in April. I had a present for her, a hand-**

WORTSCHATZ

reason *Grund*
entirely *voll und ganz*
selfish *egoistisch*
bloody *blutig*
abundant *üppig*
to suspect *vermuten, verdächtigen*
graverobber *Grabräuber/in*
body snatchers *Leichenräuber*
to bury *beerdigen, begraben*
dark *hier: finster*
imagination *Vorstellungskraft*
china *Porzellan; Geschirr*
clumsy *ungeschickt*
to trouble sb *jmd Sorgen bereiten*
it's about *es geht um*
from time to time *ab und zu*
handkerchief *Taschentuch*

kerchief, I had embroidered it with flowers." Betsy seufzt und schnieft abermals: „But I never got a chance to give it to her. She was so happy, she was ready to leave the home and look for a position. Really happy ... and then she was gone." Archie wendet sich Betsy zu und sagt beruhigend: „Maybe she found a position and moved away. Maybe she didn't have a chance to tell you, if she had to start quickly."

„But that's the thing", bricht es schluchzend aus Betsy heraus: „I know that something bad has happened. There was something in your newspaper a few days afterwards, something about her." „What was it?", fragt Simon interessiert. Betsy wird rot. „Sir, I ... well ... I can't read well. I only saw her name, and some other girl's name, and it said she was missing." Lady Agatha zieht die Augenbraue hoch. „What other girl?", fragt sie. „Another girl was with her, but I don't know what happened." Betsy bricht wieder in Tränen aus. „I hadn't read it all, and then Johnson came and took the newspaper to you." „It's a pity you didn't talk to me, Betsy", sagt Agatha mit sanfter Stimme, „but that can't be helped now. Do you remember anything else? Maybe we can find the article in the newspaper." „After such a long time?" Betsy richtet tränenglänzende Augen auf Lady Agatha. „Yes dear, I keep the old newspapers in my library. One never knows what might be interesting later on", nickt Agatha. „But you need to tell us everything you remember so we know what to look for in the newspaper." Betsy nickt. „Well, my friend's name is Mary, Mary Paterson. And her birthday is on the 12th of April, so it must have been the week after that. The other girl's name was Jane, or Janie, and the last name was ..." Betsys Stirn legt sich in Falten. „It was a colour." Doch dann verfinstern sich ihre Züge. „Black, White, Green?" Eine Träne kullert die Wangen hinab. „I can't remember."

„Is that it?", fragt Archie und zeigt Betsy den Zeitungsartikel, den er in einer der Zeitungen entdeckt hat, die Johnson, der Butler, auf Agathas Anweisung hin aus der Bibliothek gebracht hat.

MAGDALENE HOME

In Edinburgh gab es mehrere sogenannte **Magdalene Homes**: Es handelte sich um Auffangstellen für junge Mädchen, oft noch Teenager, die in die Prostitution geraten waren. Gebet und Arbeit sollten die jungen Frauen auf den rechten Weg bringen. Mary Paterson hatte eine solche Einrichtung kurz vor ihrem Verschwinden verlassen.

WORTSCHATZ

to embroider *besticken*
position *hier: Anstellung*
that's the thing *das ist es ja gerade*
it's a pity *es ist schade*
it can't be helped *man kann nichts machen*

The Scotsman

A Lucky Escape
BY GEORGE CLARE

14 April

A local girl, Janet Brown, has a story to tell that makes it likely that she was lucky to escape with her life. She and a friend, Mary Paterson, were invited to come to the house of a local man whom they believed to be a member of the police force. They shared some whisky with the man and his wife, then Janet decided to leave. Her friend had fallen asleep. About an hour later, Janet returned to get her friend. She was told Mary and the man had stepped out. She has not seen her friend again ever since. Now Janet Brown suspects that Mary is the latest addition to a list of disappearances in the Canongate area, and that she herself has narrowly escaped. As this newspaper has reported, several lodgers in this area of Edinburgh have been reported missing in recent weeks. Among them is Mrs Elizabeth Haldane, who was last seen by her daughter near Tanner's Close. Another familiar figure has disappeared off the streets of Edinburgh: Effy, a cinder gatherer, who used to sell scraps of leather that she found in rubbish tips. Locals in the Canongate and Westport areas are complaining that the police haven't been taking the disappearances seriously as they are often among the so-called lower classes. If you have any information, please contact us at the offices of the Scotsman.

IN SERVICE

To be in service, in einem Haushalt bedienstet sein, war oft ein hartes Dasein. Von Dienstboten wurde oft erwartet, von früh bis spät in die Nacht zur Verfügung zu stehen und extrem harte Arbeit zu leisten. Kein Wunder, dass sogar ein Leben auf der Straße eine lockende Alternative sein mochte.

WORTSCHATZ

likely *wahrscheinlich*
whom *hier: von dem*
member of the police force *Angehörige/r der Polizei*
to step out *ausgehen*
addition *Ergänzung*
disappearance *Verschwinden*
narrowly *knapp*
lodger *Untermieter/in*
recent *letzte, zurückliegende*
figure *Figur*
cinder gatherer *Müllsammler/in*
scraps of leather *Lederstücke*
rubbish tip *Müllhalde*
to take sth seriously *etw ernst nehmen*
so-called *sogenannte*

CHAPTER 1
RESURRECTION MEN

Betsy nickt und hört gebannt zu, als Archie den Artikel vorliest. „So she was out drinking …", murmelt sie und schüttelt den Kopf. „Tell us about Mary", schaltet sich Simon ein. „What kind of a girl was she?" „She was so nice", seufzt Betsy. „Real friendly, but also quite strong. If anybody treated you unfairly, she was the one to stand up for you. And she was beautiful. Taller than me …", Betsy verstummt. „Did she have any scars?", will Simon wissen. Lady Agatha hebt fragend die Augenbrauen, aber Simons Augen sind allein auf Betsy gerichtet. „Well, she did", antwortet diese schließlich, „on her right arm, where she had an accident with a fire poker when she was in service as a young girl." Betsy schaut nachdenklich. „At least she said it was an accident. I always suspected that she was beaten with a hot poker … she ran away from that house after all."

Nach einer Weile schickt Agatha Betsy in die Küche. „Have some hot tea, and take the afternoon off", sagt sie. „I think you had a terrible shock today." Als Betsy dankbar verschwunden ist, durchbohren Agathas und Archies Blicke den schweigenden Simon. „You, young man", hebt Agatha schließlich an „had a reason to ask her about the scar. Tell us now, if you please!" Simon schüttelt den Kopf. „Just an idea." „Come on", protestiert Archie. „This can't be just an idea." Simon schweigt und schaut missmutig auf einige Dominosteine, die auf dem Tisch liegen. Ihm ist anzusehen, dass es ihm widerstrebt, die Frage zu beantworten. „It would need a 180 degree change of every single piece to make me change my mind!"

WORTSCHATZ

to be out drinking unterwegs sein und Alkohol trinken
real ugs für really
unfairly ungerecht
to stand up for sb sich für jmd einsetzen
scar Narbe
fire poker Schürhaken
in service hier: in Anstellung (als Dienstmädchen)
at least zumindest
to beat schlagen
off hier: frei
if you please sei so freundlich
degree Grad
every single jedes einzelne

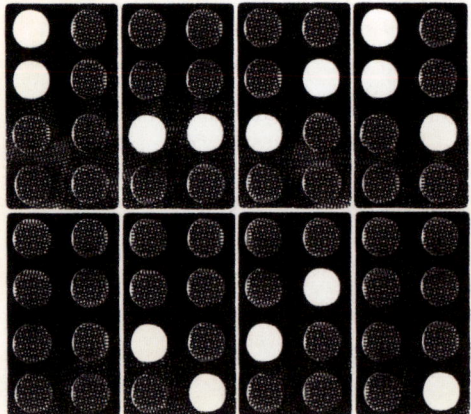

Welches Symbol lässt Simon den Mut schöpfen, sich den anderen zu öffnen? Eine Skizze kann dir helfen.

CHAPTER 1
RESURRECTION MEN

The Girl in the Whisky

„All right! Take heart!", sagt Simon schließlich zu sich selbst. „Can I rely on you not to talk about this?" Archie nickt sofort eifrig, während Agatha den jungen Mann mit kühlem Blick mustert, bevor auch sie ihr Einverständnis signalisiert. Simon atmet tief durch. Dann – endlich – gibt er sich einen Ruck und beginnt zu erzählen. „You know that I am an assistant to Dr Knox. Knox somehow gets more corpses than Professor Munro, but that is mainly because he buys them from resurrectionists. At least that's what I think." „Yes, yes", unterbricht Archie. „We know all that. What about the girl and the scar?"

„Well, Dr Knox had the body of a young girl of about 18 or 19, and he had it for a while." Agatha und Archie schauen Simon fragend an, worauf dieser weiter ausholt: „It was unusual. He put her in a tub of alcohol – whisky actually – and kept her there. For two or three months! He even invited a painter to paint a picture of her." Archie muss husten. „Say that again!" „Really", bestätigt Simon. „He kept this corpse like a prized possession, we all thought he was crazy." „And you looked at it, too?", fragt Archie, als er sich wieder gefangen hat. „I had to", nickt Simon. „It was kept in the room where all the instruments are stored." „And", hakt Agatha ein „you noticed a scar?" „Yes", nickt Simon. „On the right arm. It became more pronounced with time. You know, even if the alcohol slows the decay, the skin changes …"

„I know", nickt Archie „Even though I'm grateful that Professor Munro doesn't keep pickled corpses around, we have a lot of anatomical specimens." Simon schaudert. „I can't even drink whisky any more. Just the smell of it … Anyway",

---

CONSERVATION

Formaldehyd wurde erst in den 1860er Jahren entdeckt und revolutionierte die Konservierung anatomischer Proben. Davor wurde Alkohol verwendet, wenn auch sicher normalerweise kein Whisky.

WORTSCHATZ

Take heart! *Sei mutig!*
to rely on sb *sich auf jmd verlassen*
tub *Kübel, Wanne*
prized possession *Wertgegenstand*
instruments *hier: Präparationsbesteck*
to store sth *etw aufbewahren*
pronounced *sichtbar, deutlich*
to slow *verlangsamen*
decay *Zerfall*
to keep around *hier: herumliegen haben*
pickled *eingelegt*
specimen *Probe, Objekt*

CHAPTER 1
RESURRECTION MEN

nimmt er seinen Bericht wieder auf, „in the end he dissected her, too. I assisted. So … I expected to see something, some illness. I thought there had to be a reason for a young woman to end up dead." „And there wasn't anything?", fragt Agatha interessiert. „No, absolutely nothing. She was – and I know this sounds wrong – the healthiest dead girl I'd ever seen." „She could have died in an accident", wirft Archie ein. „Sure", stimmt Simon zu, „but she didn't have any wounds apart from the scar on her arm – and that was an old scar, obviously."

„So the question is", hebt Agatha an, „how did a young, healthy woman end up in a whisky bath and later on the autopsy table in Dr Knox's dissection theatre?" Die Frage steht länger im Raum, auf den Gesichtern spiegeln sich tiefe Beunruhigung und ein schlimmer Verdacht. „Do you think", bricht Archie schließlich mit bedächtiger Stimme das Schweigen, „that Dr Knox is killing people?" Simon schüttelt den Kopf: „Absolutely not." Nach einer Weile fügt er hinzu: „At least he's not doing it himself." Lady Agatha betätigt die kleine Klingel, die auf dem Frühstückstisch steht. „Ah, Johnson, please bring us pencils and some paper", ruft sie dem herbeieilenden Butler entgegen. „And could you clear the table, I've given Betsy the afternoon off." Der Butler nickt ein ruhiges „Very well, Madam" und ist nach kurzer Zeit mit den gewünschten Schreibutensilien zurück. „So, what do we know?", murmelt Agatha, und beginnt zu schreiben:

WORTSCHATZ

to dissect *sezieren*
to end up *enden*
wound *Wunde*
apart from *außer*
autopsy table *Sektionstisch*
dissection theatre *Anatomisches Theater*
to clear the table *abräumen*
witness *Zeuge, Zeugin*
suspect *Verdächtige/r*

Disappearances
Mary Paterson
Elizabeth Haldane
Effie, a Cinder Gatherer
Area: Canongate, Westport
    Mrs Haldane seen near Tanner's Close
Witness: Janet Brown, friend of Mary Paterson
Suspect: Dr Knox??? Not likely.

CHAPTER 1
RESURRECTION MEN

Archie, Simon und Agatha starren reglos auf das Papier. Archie ist der erste, der die Sprache wiederfindet: „So, where do we go from here?", fragt er in die Runde. „I think we should find out where Knox is getting his corpses from", stellt Simon fest. „I'll risk my job if I do that", fügt er seufzend hinzu. „Is there a book or a list where purchases are kept?", fragt Archie. „It might be enlightening to have a look into that." Simon nickt. „That's Fergusson's job. He keeps the book where all expenses are registered." Archie nickt. Er kennt Fergusson, beziehungsweise hauptsächlich seinen Ruf. Der Hauptassistent von Knox ist sehr ehrgeizig und für Kollegen unter seinem Rang höchst unzugänglich und unfreundlich. „That might be a problem", bemerkt er trocken.

„We could also try to find Janet Brown", merkt Agatha an. „How?", fragt Archie. „Betsy might be able to find her. Mr Kelly", wendet sie sich Simon zu, „you're Irish, aren't you?" Simon nickt. „Would you accompany Betsy to the Canongate area, please? There are lots of Irish immigrants there, you'd get more out of them than Archie or – God forbid – myself." Simon muss lachen, als er sich die aristokratische Erscheinung von Lady Agatha in den lärmerfüllten Gassen hinter dem Grass Market vorstellt, wo zahllose irische Einwanderer auf engstem Raum die Gemäuer der Altstadt von Edinburgh besiedeln. „I see you understand what I mean", flötet Agatha und schiebt sich den Zwicker auf der langen, schmalen Nase zurecht.

„Let's try something else first." Archie steht auf. „Simon, I think you left your favourite pipe in Dr Knox's rooms yesterday, didn't you?" Es dauert eine Weile, bis das Unverständnis auf Simons Gesicht einem verstehenden Grinsen weicht. „My favourite pipe, right. Yes, I suppose it's time that I went to the School of Anatomy and tried to find it." „You might find something else, just by chance ..." „I might", nickt Simon und verabschiedet sich.

GOD FORBID

Der Einschub **God forbid** *Gott bewahre* drückt den eindringlichen Wunsch aus, etwas möge nicht eintreten.

WORTSCHATZ

Where do we go from here? *Wie machen wir jetzt weiter?*
purchase *Kauf*
to keep *festhalten, notieren; führen*
enlightening *erhellend*
expense *Ausgabe*
to register *eintragen*
to accompany *begleiten*
pipe *Pfeife*
it's time that I went *es ist Zeit für mich zu gehen*

CHAPTER 1
RESURRECTION MEN

A Night in the Laboratory

Die Sonne geht bereits unter, als Simon am Surgeons' Square ankommt. Mit schnellen Schritten geht Simon auf den Seiteneingang zu, den die Angestellten benutzen. Zu seiner Erleichterung wird sein Klopfen nicht von Fergusson beantwortet, sondern von Mrs Adderton, die, wie immer am späten Nachmittag, den Hörsaal und die Labore reinigt und damit für den nächsten Tag vorbereitet.

„It's Sunday, you know", begrüßt sie Simon mit dröhnender Stimme und schiebt eine Haarlocke unter ihre Haube. „I know, I'm sorry", entgegnet dieser. „**I think I left my favourite pipe in the laboratory yesterday. You know, it was the last present from my late father**", improvisiert er und entschuldigt sich in Gedanken bei seinem quicklebendigen Vater. Mrs Adderton öffnet die Tür weiter. Er hat wohl den richtigen Ton getroffen. „**Then you have to find it, for your dear father's sake.**" Mrs Adderton wischt sich die fleischigen Hände an ihrer grauen Schürze ab und nimmt den Schrubber wieder in die Hand. „**Just make sure you close the door on your way out.**"

Als Simon im leeren Flur steht, atmet er erst einmal durch: Es ist mucksmäuschenstill, er scheint abgesehen von Mrs Adderton allein im Gebäude zu sein. Ein leichter Geruch nach Alkohol und Bohnerwachs liegt in der Luft. Rechts führt eine Tür ins Büro von Fergusson. Dort befindet sich mit Sicherheit das Kassenbuch. Noch einmal sieht sich Simon schnell um, dann schlüpft er mit leisen Schritten durch die Tür. Es ist recht dunkel im Raum, nur das spärliche Abendlicht fällt durch die großen Fenster. Nervös lässt Simon seinen Blick schweifen: Die rechte Wand nehmen hohe Regale ein, in denen Bücher, Papiere und allerlei Glasgefäße mit konservierten Körperteilen stehen, in der Ecke hängen Laborkittel und Schürzen an bronzenen Haken. An der linken Wand befindet sich ein niedriges Schränkchen, daneben eine Kerze in einem Ständer. Geradeaus befindet sich der ausladende Schreibtisch von Fergusson. Simon hält den Atem an, als er darauf zu geht. Die dicke blaue Mappe könnte es sein. Mit zitternden Fingern schlägt er die erste Seite auf. „**Mattison, 4 pounds**", liest er. Er spürt Enttäuschung in sich aufsteigen: Das hier ist die Liste, in der festgehalten wird, was die Studenten für ihre Kurse bezahlt haben. Als Simon nach der nächsten Mappe greifen will, hält er inne. Hat er da nicht etwas gehört? Das Herz rutscht ihm in die Hose, als er Fergussons Stimme erkennt. Der Assistent redet allem Anschein nach mit

WORTSCHATZ

laboratory *Labor*
late *(bei Personen) verstorben*
for sb's sake *jmd zuliebe*

CHAPTER 1
RESURRECTION MEN

jemandem. Schritte nähern sich der Tür. Gerade als sich die Türklinke bewegt, hat Simon es geschafft, sich in die Ecke hinter die Laborkittel zu quetschen.

Fergusson betritt den Raum. Glücklicherweise wendet er sich nicht nach rechts, sondern nach links zum Schränkchen, wo er ein Buch aufschlägt. Seine nasale, etwas gereizte Stimme hallt durch den Raum. „And I must tell you again never to come to my house." „Sorry, Sir", kommt die Antwort dumpf. „My neighbours and my landlord don't want any bodies near their homes." „All right." Eine andere Stimme, etwas rauer und tiefer. Simon späht aus seinem Versteck: Richtig, zwei Männer stehen mit Fergusson im Raum. „Anyway, I can give you the usual 10 pounds." Er schreibt etwas in das Buch und geht zum Schreibtisch. Aus einer Schublade holt er einen Beutel, ein Zettel raschelt, Münzen klimpern. „Here you are. And let's get him into the cold room, so he'll keep until tomorrow." „Oh, he's fresh enough", entgegnet der Mann mit der tieferen Stimme. „Don't tell me anything", näselt Fergusson. „I don't want to know."

Erst als die Tür hinter Fergusson zugefallen ist und sich die Schritte weit genug entfernt haben, wagt Simon wieder zu atmen. Mit leisen Schritten geht er zum Schreibtisch, wo ein nun leerer Lederbeutel liegt. Daneben ein Zettel. Könnten auf dem Papier die Namen der Männer stehen? Simon kann kaum genug sehen, doch er traut sich nicht, die Kerze anzuzünden.

WORTSCHATZ

landlord *Vermieter*
cold room *Kühlraum*
to keep *hier: sich halten*

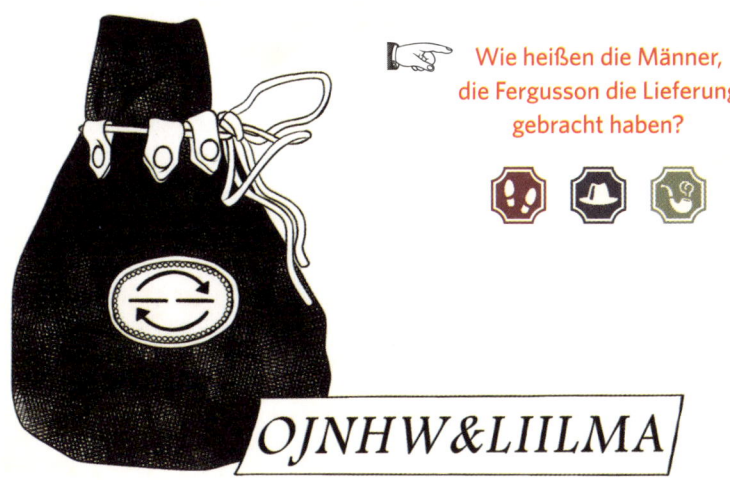

Wie heißen die Männer, die Fergusson die Lieferung gebracht haben?

OJNHW&LIILMA

CHAPTER 1
RESURRECTION MEN

The Mystery Man

Als Simon am nächsten Morgen zur Arbeit erscheint, ist in der School of Anatomy schon einiges los. „And I tell you, I've recognised him!", flüstert einer der Studenten einem anderen zu. „Who?", will Simon wissen, doch die Studenten gehen weiter als hätten sie ihn nicht gehört. Er zuckt mit den Schultern und geht weiter, doch gleich erwartet ihn die nächste Überraschung. Knox ist bereits im Sektionshörsaal zugange, was gar nicht seinen Gewohnheiten entspricht. Normalerweise trinkt der Anatom noch Tee, während seine Assistenten die Sektion vorbereiten. Der Körper auf dem Tisch ist anscheinend fertig vorbereitet. Er ist, wie immer vor Beginn der Veranstaltung, mit einem Tuch bedeckt. „Kelly!", ruft Knox, als er Simon erkennt, „go to the office and get a clean apron for me." Simon tut wie ihm geheißen, wobei er sich wundert: Wie kommt es, dass Knox schon vor Beginn der Sektion eine neue Schürze benötigt?

WORTSCHATZ

apron *Schürze*
silence *Ruhe*
gruesome *furchtbar*
single *einzige(r/s)*
scratch *Kratzer*

Einige Zeit später klärt sich die Frage. Als die Studenten im Sektionstheater versammelt sind, entfernt Knox das Tuch von der Leiche. Ein junger Mann – zweifellos der, den John und William am gestrigen Abend angeliefert haben – doch ohne Kopf und ohne Füße. Raunen und Tuscheln geht durch die Menge der Studenten. Knox räuspert sich. „Silence, please. This young man has been in a horrible accident. I had to take off the head and feet as their condition was too gruesome …" Obwohl jetzt Stille herrscht, ist immer noch eine gewisse Unruhe spürbar. Wenig später beginnt die Sektion. Mehrere Studenten arbeiten daran, Muskeln und Sehnen freizulegen. „I really wonder what kind of accident he had", murmelt einer der Studenten. „Me too", flüstert ein anderer zurück. „He hasn't got a single scratch."

SEZIEREN

Mehrere Studenten sezierten gemeinsam eine Leiche. Anfänger bekamen oft die großen Muskeln zugeteilt, Fortgeschrittene durften sich filigraneren Dingen widmen.

CHAPTER 1
RESURRECTION MEN

Nach der Arbeit macht sich Simon auf in Richtung New Town, wo er sich mit Agatha und Archie in Agathas Haus verabredet hat. Unterwegs kauft er einem Zeitungsjungen ein Abendblatt ab. Sein Blick bleibt an einem kleinen Artikel im unteren Bereich der Titelseite hängen. Das kann kein Zufall sein.

Johnson, der Butler lässt Simon eintreten, noch bevor dieser irgendetwas sagen kann. „They are waiting for you in the library, Sir", intoniert er förmlich, und bevor Simon sich versieht, hat Johnson seinen Hut und Mantel bereits an die Garderobe gehängt und führt ihn die breite Marmortreppe hinauf in einen überraschend gemütlichen, mit dunklem Holz vertäfelten Raum, in dem im Kamin ein Feuer knistert. In tiefen Sesseln vor dem Kamin sitzen Agatha und Archie und nippen an Sherry aus kleinen Gläsern. „Good afternoon, Mr Kelly", begrüßt Agatha den Neuankömmling und schiebt ihren ewig rutschenden Zwicker zurecht. „Any new thoughts on our problem?" Archie unterbricht grinsend: „My dear aunt's imagination is running wild. She has thought out a horror story full of bloodthirsty murdering anatomists. Surely enough for a whole novel." Simon seufzt theatralisch: „And to that, my dear friend, I can still add some horrible facts." Archie wird ernst. „That's not what I was hoping for. Tell us."

Also beginnt Simon zu erzählen. Von seiner abendlichen Beobachtung der Leichenanlieferung durch John und William, und schließlich von der ungewöhnlichen Sektion am Vormittag. „Just imagine: a body without head and feet. And Knox himself taking the time to remove them. Normally, he would have ordered me or one of my colleagues to do that. And anyway: what kind of an accident leaves the head and feet destroyed but the rest of the body without a scratch?" „Can't think of any", kommentiert Archie. „Weirder still", fügt Simon hinzu, „I got the feeling that some of the students had an idea who the lad was, but whenever I tried to ask someone, I got no answer."

WORTSCHATZ

to run wild *hier: mit ihr durchgehen*
bloodthirsty *blutdürstig*
anatomist *Anatom/in*
weirder still *noch seltsamer*
to get the feeling *das Gefühl bekommen*
lad *(junger) Mann*

CHAPTER 1
RESURRECTION MEN

„Intriguing", meldet sich Lady Agatha zu Wort. „If only we could find out what they were thinking." „We can", erklärt Simon und wedelt mit der Zeitung, die er noch immer in der Hand hält. „Come to the reading table, and I'll show you what I mean."

The Scotsman
24 October

Where is Daft Jamie?
BY GEORGE CLARE

Another disappearance has shocked Edinburgh residents. A young local man known to many on the streets of the Old Town went missing on Sunday. James Wilson, called ‚Daft Jamie' by people who knew him, was last seen on College Wynd on Sunday morning where he was looking for his mother. 21-year-old Wilson does not have a permanent job as he is of below-average intelligence, but he has a special talent for telling the correct day of the week for any date in the past or future. Edinburgh students have known him as their ‚walking calendar' for many years. Because of his friendly character he is a popular and beloved inhabitant of the Old Town, where he lodges with his sister's family in Stevenlaw's Close. Jamie does not usually drink and is known for his cleanliness, even when he is out and about without shoes or hat in all weathers. If you have seen James Wilson or have any information about his whereabouts, please contact this newspaper.

WORTSCHATZ

intriguing *faszinierend*
reading table *Lesetisch*
daft *dumm*
to shock *schockieren*
resident *Bewohner/in*
to go missing *verschwinden*
permanent *dauerhaft*
below-average *unterdurchschnittlich*
beloved *geschätzt, geliebt*
inhabitant *Bewohner/in*
to lodge *als Untermieter wohnen*
cleanliness *Reinlichkeit*
out and about *unterwegs*
in all weathers *bei jedem Wetter*
whereabouts *Aufenthaltsort*

DAFT JAMIE

Daft *dumm* war keine freundliche Bezeichnung, doch die Bewohner der Altstadt begegneten Jamie durchaus mit Zuneigung, versorgten ihn mit Essen, Kleidung und anderen Notwendigkeiten.

CHAPTER 1
RESURRECTION MEN

„I know him!", ruft Archie aus. „He's often in one of the streets around Surgeon's Square. Has a nice singing voice ..." „I think a lot of people know him", sagt Simon nachdenklich. „Maybe Knox didn't want any talk, and that's why he removed the head." „True", nickt Agatha. „But why would he remove the feet?" „Look at the article, Aunt Agatha", Archie deutet auf den letzten Absatz. „If Jamie was out and about in all weathers, as it says here, he will have noticeably thick calluses." „The big question is", überlegt Simon „if it is Jamie – how did he die? I saw him sometime last week. He seemed perfectly healthy then." „There's only one answer to that", sagt Agatha entschlossen. „Murder!"

Archie, Simon und Agatha sehen sich um. Es ist der zweite November, **All Souls' Day**. Es ist kalt, eine trübe Nebelsuppe hängt über der Stadt. Sie sind in der Tanner's Close, einer engen Sackgasse am westlichen Ende Edinburghs, wo die heruntergekommenen Gebäude der Altstadt unglaublich vielen Menschen ein Dach über dem Kopf bieten. Lady Agatha trägt ihren ältesten Mantel und eine abgenutzte Haube, die einmal ihrer Köchin gehört hat, um nicht aufzufallen. Ein Mann, der einen alten Handwagen mit einer großen Teekiste darauf zieht, rempelt sie an. „Ah, sorry", ruft er aus, „but this really isn't a place for a fine lady like yourself." Agatha ist die Verwunderung wohl deutlich anzusehen, denn der Mann dreht sich kurz um und bemerkt mit einem Augenzwinkern: „It's always the shoes." Archie nickt verstehend. „It's true. Almost nobody else has really good shoes around here." Agatha sieht dem Mann nach, der seinen Handkarren mit der Unterstützung eines anderen Mannes durch die Straßen navigiert. „Let's just hope not everybody is as observant as that man." „There are loads of lodging houses here", murmelt Archie, während er Schilder an Hauseingängen studiert. „I have no idea where to start." Simon, der sich in seinen alten Klamotten wesentlich besser ins Gesamtbild einfügt, hat derweil ein Gespräch mit ein paar jungen Iren begonnen. „Simon's getting along", flüstert Archie. „Let's hope he'll hear something useful."

Nach einer Weile kehrt Simon zu den beiden anderen zurück. „Anything useful?", fragt Agatha leise. „No", schüttelt Simon grinsend den Kopf. „The Irish around here had a good time on Halloween, that's for sure." „This was a stupid idea anyway", meckert Archie. „How should we find anything in this chaos?" Agatha unterbricht ihn, indem sie ihm mit dem Ellbogen in die Rippen stößt: „Something's happening over there."

WORTSCHATZ

singing voice *Gesangsstimme*
noticeably *merklich, sichtbar*
callus *Hornhaut*
observant *aufmerksam*
loads of *Unmengen*
lodging house *Pension, Mietshaus*
to get along *gut zurechtkommen*
to have a good time *Spaß haben*
chaos *Chaos*

CHAPTER 1
RESURRECTION MEN

A woman is dragging a policeman into one of the houses." „Log's Lodgings" steht auf einem Holzschild über der Tür. Interessiert gehen die drei etwas näher heran. Undeutliche Stimmen dringen aus der Wohnung im Erdgeschoss, doch es dauert nicht lange und der Polizist erscheint wieder auf der Straße. „There isn't a body, madam", sagt der uniformierte Mann streng, „and if there isn't a body, I can't say that a crime's been committed." „But there was one, only half an hour ago", die Frau scheint den Tränen nahe zu sein. „Corpses don't just disappear like that", konstatiert der Beamte steif, bevor er etwas freundlicher hinzufügt „Maybe you saw ... something. One sees things when one is tired, and you said that you didn't sleep a lot last night." Die Frau wird ganz rot im Gesicht und packt den Polizisten am Arm: „Do you want to say I'm crazy?" Der Polizeibeamte schiebt die Frau von sich weg und versucht zu beschwichtigen. In diesem Moment mischt sich Lady Agatha ein. „Sir, I think we can help here. We too think that something's not right here. Let's see if the lodging house has a book of residents."

Log's Lodgings

CHECK-INS | CHECK-OUTS

Current guests: 19

Don't rent the special room!
Room number:

15-14-5 / ⊖ HTERE /

☞ Was ist in Bezug auf die Gästeanzahl auffällig? Wie lautet die Zimmernummer des besonderen Raums? Die Zimmernummer gibt die Seitenzahl an, auf der das Finale des Kapitels zu finden ist.

WORTSCHATZ

to drag *ziehen, schleppen*
book of residents *Gästebuch*

CHAPTER 2

THE DREAMER

CHAPTER 2
THE DREAMER

Up in the Highlands

> **HIGHLANDS**
>
> Schottland teilt sich in die Lowlands, Highlands und die Scottish Isles. Die Highlands waren und sind deutlich dünner besiedelt als die Lowlands, wo sich auch die größeren Städte befinden.

"Are you sure this is the right way?" Archie schaut den Kutscher skeptisch an, als dieser auf eine schmale Trasse zwischen Steinmauern abbiegt. „Aye", antwortet der Kutscher kurz und widmet sich dann wieder seinem Kautabak, den er geräuschvoll bearbeitet. Archie blickt aus dem Fenster der Kutsche und zieht seinen Schal fester um den Hals. „I want to go to Assynt House", wendet er sich nochmal durch die kleine Öffnung an den Kutscher, der vorne auf dem Bock sitzt. „Aye, Assynt House, Sir", antwortet dieser ungerührt. Beunruhigt sieht Archie die unvertraute Highland-Landschaft an sich vorbeiziehen – seit einer halben Stunde hat er kein Haus mehr gesehen, keine Spur menschlichen Lebens außer der schmalen Straße, auf der sich die Kutsche vorwärtsbewegt. Es wird dämmrig, und jetzt – kurz nach Ostern – ist es noch immer empfindlich kalt hier oben in den Highlands. „He's going to kill me and leave my body in one of the lochs", schießt es Archie durch den Kopf. „And I wouldn't stand a chance." Der schmächtige Archie blickt auf die bullige Gestalt des Kutschers. Gerade als er sich resigniert seinem Schicksal ergibt, werden Laternen auf einer Mauer sichtbar. Der Kutscher springt vom Bock und zieht das eiserne Tor auf. Erstaunt betrachtet Archie den großen Park, an dessen Ende Assynt House aufragt wie ein winziges Schloss mit Erkern und Türmchen.

WORTSCHATZ

aye *regional: ja*
loch *regional: See*
to stand a chance *eine Chance haben*
secluded *abgelegen, isoliert*

Bald darauf sitzt Archie mit seiner Tante Lady Agatha in einem holzvertäfelten Speisezimmer. Im Kamin knistert ein Feuer, draußen ist es jetzt dunkel, und ein gebeugt gehender Hausdiener zieht die samtenen Vorhänge zu. „Now this is secluded", bemerkt Archie und nimmt einen Schluck von seinem Wein. „Isn't it?", antwortet Agatha strahlend. „It's exactly what I need." Archie weiß, dass sich seine Tante gerne für einige Monate zum Schreiben in einsame Gegenden zurückzieht. „At least you'll find enough inspiration for your scary stories around here", merkt

CHAPTER 2
THE DREAMER

der Neffe an. „Yes, definitely", antwortet Agatha. „The whole country is full of mysteries – and horrors, I am sure." Als der alte Diener den Raum verlassen hat, folgen ihm Agathas Augen: „Hamish and his wife Elsie take care of me here. I've been trying to tap them for stories about ghosts, murder and mayhem. So far, they're not talking much, but I am sure they know things ..."

„I am quite sure your imagination is sufficient to provide you with material for your stories", grinst Archie, denn er kennt die überbordende düstere Fantasie seiner Tante. „Yes, it is", flüstert diese dramatisch, „but you know that my imagination is always hungry for legends and lore – and this area should be full of them." Archie denkt an die strenge Schönheit des kargen Berglandes, durch das er gefahren ist und nickt. „Did you know", fährt Agatha fort, „that most people up here have second sight?" „Do you really believe that?" Archie ist, wie immer, der Skeptiker von den beiden. „Yes", haucht Agatha. „They can see the future and talk to the dead!"

Hamish, der hereingekommen ist, um die Kerzen zu entzünden, murmelt etwas und starrt dabei kurz auf ein großes Bild mit einer Plakette über dem Kamin. Leider ist die Plakette sehr abgenutzt und man kann die Inschrift nicht mehr richtig lesen. „What did he say?", fragt Archie, der den breiten Akzent noch nicht verstehen kann. „He said it wasn't always that secluded up here."

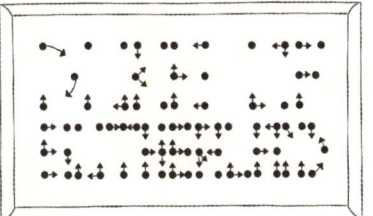

WORTSCHATZ

inspiration *Inspiration*
to tap *anzapfen*
murder and mayhem *Mord und Totschlag*
mayhem *Chaos, Durcheinander*
imagination *Fantasie, Vorstellung*
sufficient *ausreichend*
legends and lore *Legenden und Überlieferungen*
to have second sight *hellsehen können*

 Wer ist der Mann auf dem Bild, der Hamish einen finsteren Blick wert ist?

CHAPTER 2
THE DREAMER

„He means that the Duke of Sutherland cleared the land around Assynt about 15 years ago." „Meaning what?", fragt Archie überrascht und stellt sein Weinglas ab. „The Duke had great ideas about progress. He decided to put up big sheep farms and to re-settle the farmers from up here to the coast. He thought they'd just go and become fishermen, or work in one of the new coal mines." – „He thought he could just take people and put them where he wanted." Hamish ist überraschend wieder im Türrahmen erschienen. Seine Stimme hat einen eigentümlichen singenden Klang, aber Archie kann ihn jetzt besser verstehen. „People aren't playthings." Agatha nickt und bittet Hamish zu sich heran: „Tell us about it." „Short story", stößt Hamish etwas unwirsch hervor. „People didn't want to go, the Duke used force, people died. Good men and women. I can see them in my dreams ..." Mit diesen Worten schlurft er wieder zur Tür.

„There are still some villages – rather hamlets – left", wendet sich Agatha an Archie, „but most people who live here are old or poor – mostly both." Pferdehufe sind auf dem Vorplatz zu hören. „Are you expecting anyone?", fragt Archie erstaunt. „No. You're my only guest tonight." Agatha schiebt den Samtvorhang zur Seite und schaut nach draußen, wo ein Pferdekarren auf dem Kopfsteinpflaster Halt gemacht hat. Sie beobachtet, wie Elsie nach draußen tritt, wo sich einige sichtlich aufgeregte Männer über den Karren beugen.

„Come on, something's happening!", ruft Agatha aus, und schon werfen sie und Archie sich die Mäntel über und gehen im Hof auf die Leute zu. Auch Hamish schließt sich jetzt der Gruppe an. „What's this about?", fragt er die Neuankömmlinge. „There's a dead man", beginnt ein schmächtiger alter Mann zu sprechen. „Angus, start at the beginning", fällt ihm jemand ins Wort. „Donald here", er deutet auf einen stämmigen Mann an seiner Seite, „was walking home and coming by Lochtor-na-eigin ..." „Loch what?", fragt Archie leise. „It's a small lake up there", antwortet Agatha und weist mit der Hand auf den Berghang, der sich rechts vom Haus erhebt. „... and I saw something in the water. Thought it was a tree trunk or a dead sheep, first", nimmt Donald den Faden auf. „'Twas a dead man!" „Good God", ruft Agatha aus, „Is that what you've got on your cart?" „No", die Männer schütteln den Kopf. „The man was in the water for a while ..." Archie, der als Assistent in der Anatomie mit Leichen vertraut ist, schaudert schon beim Gedanken an den Geruch.

WORTSCHATZ

duke Herzog
to clear the land roden, hier: räumen
to re-settle umsiedeln
fisherman Fischer
coal mine Kohlemine
plaything veraltet: Spielzeug
rather eher gesagt
hamlet Weiler
tree trunk Baumstamm
'twas kurz für: it was
cart Karren

CHAPTER 2
THE DREAMER

"We've sent young Hugh Macleod to fetch Mr Lumsden, the sheriff. Yours is the only bigger house here", der Mann senkt verlegen den Blick. "I hope you don't mind?" "Not at all", antwortet Lady Agatha. "I'm glad if I can help. And my nephew here", sie deutet auf Archie "is an anatomist. He can surely help with the dead man." Archie seufzt. "Thank you Madam, we're most grateful", nickt Donald. "The sheriff surely could use some help."

"So, if it's not the dead man on your cart, may I ask what it is then?", fragt Archie schließlich, denn auch ihn hat inzwischen die Neugier gepackt. "Just a few things we found near the loch", antwortet einer der Männer und zieht die Plane vom Wagen. Ein anderer hält die Laterne darüber, deren Schein die Gegenstände erhellt.

> **LOCHS**
>
> Did you know there's only one lake in Scotland? Und das, obwohl Schottland voller Seen ist? Die Antwort liegt in der Sprache: Außer dem **Lake of Menteith** sind alle Seen in Schottland mit dem schottischen oder gälischen Namen **loch** versehen. Zählt man kleine **lochans** mit, kommt man auf weit über 30.000 Lochs in Schottland.

WORTSCHATZ

- **sheriff** *Schottland (hist.): Grafschaftsvogt, Amtsrichter*
- **not at all** *überhaupt nicht*
- **anatomist** *Anatom/in*
- **most** *hier: sehr*

Wem gehörte die zerbrochene Rückentrage?

CHAPTER 2
THE DREAMER

Murdo Grant

Ein leiser Aufschrei geht durch die Runde. „That's Murdo Grant's pack", ruft schließlich jemand aus. „Oh my God, Murdo!", ruft ein anderer. In diesem Moment sind Hufe zu hören. Ein zweirädriger offener Wagen, gezogen von einem braunen Pferd fährt ein. „That's the sheriff!", ruft jemand, während dieser, gefolgt von einem jungen Mann, vom Wagen springt.

Nachdem sich die erste Aufregung gelegt hat, bittet Lady Agatha alle Anwesenden in den langen Saal von Assynt House, wo Elsie inzwischen ein Feuer entzündet und den großen Tisch mit Kerzen vorbereitet hat. Als die Männer sich setzen, bringt Hamish ein paar große Krüge mit Ale herbei, Elsie holt Brot und Käse aus der Küche. Das Gespräch dreht sich beim Essen nur um eins: die Möglichkeit, dass es sich bei dem Toten im See um Murdo Grant handelt. Agatha ist neugierig. „Tell me about him, who is – who was he?"

Der Sheriff nickt dem jungen Mann an seiner Seite zu: „Write that down, Hugh." Elsie hat bereits ein Tintenfass mit Feder und Papier gebracht. „This is our best writer", sagt er und klopft dem jungen Mann auf die Schulter. „He's our schoolmaster, Hugh Macleod. Very smart." Der Angesprochene läuft rot an und beugt sich über das Papier. Während die anderen reden, macht er mit sauberer Schrift Notizen über das Gesagte. Als schließlich Ruhe einkehrt, beugt sich Agatha über das Schriftstück.

WORTSCHATZ

pack *hier: Trage*
schoolmaster *veraltet: Lehrer*
approx. *ca.*
pedlar *Hausierer/in*
cloth *Stoff*
household goods *Haushaltswaren*

Name: Murdo (Murdoch) Grant
Age: approx. 30?
Family: not known
well-known around Sutherlandshire
pedlar, sold cloth and household goods

CHAPTER 2
THE DREAMER

„Anything missing?", fragt Hugh Macleod in die Runde. „Aye!", ruft Donald aus. „**You didn't write down that he was a great chap. A clever man, honest and friendly. We let him stay at our house whenever he was around.**" Alle nicken. „**He was always an agreeable guest**", fügt jemand hinzu. „**I really hope it's not him.**" „**Aye, but I'm afraid it is. I haven't seen him in weeks**", sagt Donald. Auch hier wieder Kopfnicken. „**I saw him at Betsy Fraser's wedding, in Drumbeg.**" „**Aye, he was there**", bestätigt ein anderer und fügt hinzu: „**That was on the 19th of March, four weeks ago. Has anyone of you seen him since?**" Schweigen, dann Kopfschütteln. Hugh Macleod notiert auf seiner Liste: „**well-liked, stayed often with people in the area.**" „**Anything else?**" Wieder ist es Donald, der zuerst spricht: „**Aaaaaye ... he always had a lot of money on him – and everybody knew about that.**" Hugh holt tief Luft und nickt, dann schreibt er auf, was Sheriff Lumsden sagt.

> **PEDLARS**
>
> **Pedlars** oder **packmen** waren vor allem in ländlichen Gegenden wichtig für die Versorgung der Bevölkerung mit Waren, die vor Ort schlecht erhältlich waren. Viele dieser Hausierer waren spezialisiert, zum Beispiel auf Textilien oder Werkzeuge, und sie waren der Bevölkerung keineswegs lästig, sondern eine willkommene Einkaufsgelegenheit.

Da es schon spät ist, lässt Agatha ein Zimmer für Sheriff Lumsden vorbereiten. Die übrigen Männer machen sich auf den Heimweg nach Drumbeg. Am nächsten Morgen, das ist verabredet, wollen sich alle schon bei Morgengrauen aufmachen, um sich am Loch-tor-na-eigin zu treffen, um den Toten zu bergen.

Possible motive: robbery

WORTSCHATZ

a great chap ein guter Kerl
around in der Gegend
agreeable angenehm
well-liked beliebt
on him hier: dabei
motive Motiv
robbery Raub, Raubüberfall

CHAPTER 2
THE DREAMER

Die Stimmung ist gedrückt, als die beinahe zwei Dutzend Männer aus Drumbeg und Umgebung am Loch-tor-na-eigin eintreffen. Mit einer Holzstange ziehen sie den schwimmenden, aufgedunsenen Leichnam, den Donald am Tag zuvor entdeckt hat, an Land. Die Befürchtung, es könne sich um den allseits geschätzen und beliebten Hausierer Murdo Grant handeln, bestätigt sich augenblicklich. Zwar ist das Gesicht nahezu unkenntlich, doch die Kleidung und die Statur sind dem vermissten Mann eindeutig zuzuordnen. Der Pfarrer spricht ein kurzes Gebet, während alle mit gesenkten Häuptern innehalten.

> **TO DROWN**
>
> **to drown** kann sowohl *ertrinken* also auch *ertränken* bedeuten: **He drowned** *er ist ertrunken* oder **he was drowned** *er wurde ertränkt*.

WORTSCHATZ

inside out *auf links*
accidental *unbeabsichtigt; Unfall-*
drowning *Ertrinken*
to drown *ertrinken; ertränken*
severe *schwerwiegend*
to dissect *obduzieren*
lung *Lunge*

Als der Pfarrer geendet hat, nähern sich der Sheriff und Archie dem Leichnam. Hugh Macleod folgt ihnen mit Papier und Bleistift. „Maybe he just fell into the loch?", fragt der junge Mann mit hoffnungsvoller Stimme, doch sofort fällt auf, dass die Taschen durchsucht wurden. „All his pockets are turned inside out", bemerkt Mr Lumsden. „This doesn't look like an accidental drowning." Archie hat sich derweil den Kopf angesehen. „I don't think he drowned", schüttelt er den Kopf. „He has some pretty severe injuries to the back of his head." „He could have hit his head when he fell", wirft Hugh ein. „Possible", gibt Archie zu, „but I can find out if he was already dead when he hit the water." Hugh reißt die Augen weit auf und der Sheriff fragt erstaunt: „Now how could you do that?" Archie muss lächeln. In Edinburgh, unter seinen Kollegen von der Anatomie, wäre das selbstverständlich, aber hier, auf dem Land, kann er mit seinem Wissen glänzen. Er kommt sich wie ein Magier vor, der seinen größten Trick präsentiert: „I can dissect him. If he's got water in his lungs, he drowned. If not, he was already dead before he got into the water." Als der Leichnam abtransportiert wird, ist sich Archie

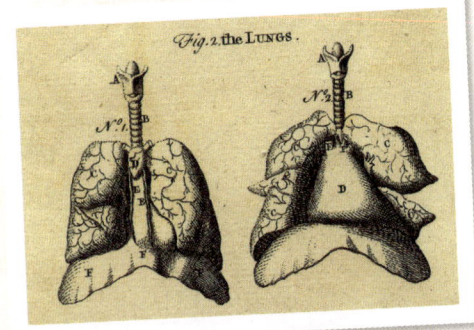

CHAPTER 2
THE DREAMER

zweier Dinge bewusst: dass sein Ansehen in den Augen der Anwesenden deutlich gestiegen ist, das zeigen ihm die Blicke, die man ihm zuwirft. Und dass er die unerfreuliche Aufgabe vor sich hat, eine Wasserleiche zu obduzieren.

Am Abend, nach getaner Arbeit, sitzen Archie und Agatha wieder vor dem offenen Kamin. Sheriff Lumsden hat sich ihnen angeschlossen, nachdem er seinen spontan zum Assistenten ernannten Schreiber Hugh Macleod nach Hause geschickt hat. Die Obduktion des Leichnams zeigte, wie erwartet, dass sich kein Wasser in der Lunge befand. Grant war also bereits tot, als er ins Wasser fiel. Außerdem zeigte die Obduktion, dass Hugh Macleod einen schwachen Magen hat: Von Geruch und Anblick des Todes deutlich überfordert, hatte er sich mehrmals geräuschvoll übergeben. „That was rough for such a well-educated, fine lad", hatte der Sheriff kommentiert und die restliche Schreibarbeit selbst übernommen.

„Do you want to know what else we found?", fragt Archie, an seine Tante gerichtet. „You know I always want to know everything." Agatha schiebt ihren Zwicker auf dem Nasenrücken zurecht. „He was dragged", erklärt Sheriff Lumsden. „You could see that quite clearly from his clothes and his back." „We don't know if there was a fight, though", fügt Archie schulterzuckend hinzu. „The body was ... not in a very good condition."

„So ... he was killed somewhere else, dragged there and put into the loch." Agatha überlegt. „It's lonely here. Nobody can hear you scream ...", kommentiert sie schließlich und fragt an den Sheriff gewandt: „Are crimes like this common around here?" Der schüttelt den Kopf. „No. The people around here are quite honest. Everybody relies on each other, everybody knows each other." „Knowing each other doesn't protect from violence", lächelt Agatha. Der Sheriff nickt, „Oh aye, there's the occasional outburst of tempers, especially when they've had too much to drink. But this looks like cold-blooded murder for gain, and we're not used to that."

SHERIFF

Während sich in den Städten ein Polizeisystem entwickelte, sah auf dem Land ein Sheriff nach dem Rechten. Meist war ein **sheriffdom** mit einer Grafschaft identisch. Die Sheriffs wurden vom Königshaus eingesetzt. Hugh Lumsden aus Pitcaple war 30 Jahre lang Sheriff von Sutherlandshire.

WORTSCHATZ

rough *hier: hart*
lad *junger Mann*
to drag *ziehen, zerren*
though *jedoch*
to rely on sb *sich auf jmd verlassen*
violence *Gewalt*
occasional *gelegentlich*
outburst of tempers *Gefühlsausbruch*
cold-blooded *kaltblütig*
gain *hier: Bereicherung*

CHAPTER 2
THE DREAMER

Suspects

Am nächsten Morgen lässt Agatha Hamish die Pferde anspannen, um zum Einkaufen nach Drumbeg zu fahren. Hamish protestiert: „Madam, **Elsie can run all errands for you**", doch Agatha bleibt stur. „**I'm going myself. I need to talk to people.**" Hamish nickt schließlich und macht sich auf den Weg in den Stall.

In Drumbeg gibt es keine Geschäfte, aber der Bauernhof von Donald Graham verkauft Milch, Fleisch und andere Lebensmittel. Agatha wählt verschiedene Dinge aus, Donalds Frau verpackt sie in Papier, und Archie trägt alles zum Wagen. An der Wand sieht Agatha ein paar Haspeln Wolle. „**This is wool from our own sheep**", erklärt die Frau stolz. „**I've spun it myself. It's very fine.**" Agatha fühlt die Wolle und beschließt, etwas für einen Schal zu kaufen. Die Wolle und auch ein paar Stricknadeln kommen ebenfalls zu den Einkäufen auf den Wagen.

Archie hat derweil ein Gespräch mit zwei Farmarbeitern begonnen, die er seit der gestrigen Bergungsaktion kennt. „**I wonder what happened to all the money and the goods Murdo must have had**", sinniert er halblaut vor sich hin. Er hat Glück: Die beiden schlucken den Köder sofort. „**If I had the money, I'd have bought a new pair of shoes already**", sagt der kleinere von den beiden und betrachtet wehmütig seine Füße, die in Schuhen stecken, die nur noch von gutem Willen zusammengehalten werden. Der andere lacht: „**You'd be wearing the same shoes, but you'd be drunk all the time.**" „**Aye, but that would be nice, too**", flachst der erste zurück. „**I'm too sober ... and I haven't got a penny to buy myself a dram.**" „**Just wait until tonight, our schoolmaster might buy you one.**" Archie horcht auf. „**Isn't Hugh Macleod the schoolmaster?**" „**Aye**", antwortet der größere Mann, „**he's been**

WORTSCHATZ

to run errands Erledigungen machen
to spin (Wolle) spinnen
I'd have bought hätte ich gekauft
sober nüchtern
dram Schluck Whisky
lately in letzter Zeit
to ruin ruinieren
precious wertvoll

A DRAM

Für das richtige Maß beim Whisky-Genuss gibt es in Schottland ein Wort: **a dram**. Wieviel genau das ist, hängt laut der Zeitung The Scotsman ganz davon ab, was sich der Trinkende wünscht – ein kleiner oder großer Schluck, ein Mundvoll sozusagen.

buying drams for a lot of us lately." "So do you think he's got Murdo's money?", fragt er und versucht möglichst beiläufig zu klingen. "That pretty boy?", platzt der kleinere lachend heraus. "No, he wouldn't murder anybody. He's much too fine and educated for that." "And a fight would ruin his precious clothes", fügt der größere prustend hinzu. "Have you noticed his colourful things? He's a real peacock!" "Aye, a peacock! And a peacock isn't a bird of prey. Just imagine a peacock ..." Jetzt können sich die beiden vor Lachen nicht mehr halten. Archie kommt es da ganz gelegen, dass Agatha zum Aufbruch ruft.

WORTSCHATZ

colourful *bunt*
peacock *Pfau*
bird of prey *Raubvogel*

In Assynt House angekommen erzählt Archie von seinem Gespräch mit den zwei Farmarbeitern, während Agatha die Stricksachen auspackt und zu stricken beginnt und Elsie die übrigen Einkäufe in der Küche verstaut. "I believe", verkündet er mit großer Überzeugung, "that Hugh Macleod murdered the pedlar." Agatha hält inne. "So, do you agree? Do you also think it was Hugh?", fragt Archie aufgeregt. "No", flüstert Agatha. "I don't." Sie betrachtet die Papiertüte, in der die Stricknadeln verpackt waren. "Look at that ..." Agatha hat entdeckt, wer die Stricknadeln verkauft hat.

☞ Wie lauten die Initialen des Verkäufers?

CHAPTER 2
THE DREAMER

Als Sheriff Lumsden in Assynt House eintrifft, ist es bereits Abend. „Anything new, Sheriff?", begrüßt ihn Archie und drückt ihm ein Glas Whisky in die Hand. Dankbar nimmt Lumsden am prasselnden Feuer Platz und trinkt einen Schluck. „No, unfortunately not. Young Hugh and I were talking to a lot of people today, but so far, nobody seems to have any idea. Murdo didn't have any enemies, or so it seems. Everybody liked him."

„Well, I guess there was one man who didn't like him", wendet Agatha ein. Der Sheriff nickt. Dann listet er auf, mit wem er gesprochen hat, und was er erfahren hat: stets, dass Murdo Grant ein kluger, freundlicher Händler und ein gerngesehener Gast in vielen Häusern der Gegend war. Er stöhnt. „Maybe it was a complete stranger!"

Das Feuer ist während des Gesprächs niedergebrannt. Archie steht auf, legt Holz nach und facht es erneut an. Nachdenklich sagt er: „Are there any strangers around here?" „Just you", nickt Lumsden Lady Agatha zu. „Do you suspect me?", fragt diese mit einem süffisanten Lächeln. „No, not at all", schüttelt der Sheriff den Kopf. „That is", gibt Agatha mit erhobenem Zeigefinger zu bedenken „because you don't have enough imagination." Der Sheriff findet das nicht witzig. „So, did you kill him?", fragt er ungerührt zurück. „No", gibt Agatha zu und wird wieder ernst. „And I believe you", seufzt Lumsden. „That leaves two possibilities."

„What two possibilities?", will Archie wissen. „Either", der Sheriff streckt einen Finger nach oben, „it was a stranger nobody saw and nobody met, and whom we will never catch, or ...", und wieder seufzt er schwer, „it was one of our own people. And I don't want to imagine that."

SHEEP

Schafe gibt es in Schottland seit Tausenden von Jahren, aber erst im 19. Jahrhundert wurde die Schafzucht durch Landbesitzer intensiviert – unter anderem mit den „Clearances", wie sie der Earl von Sutherlandshire zur Produktivitätssteigerung seines Landes durchsetzte. Obwohl die schottischen Schafe hauptsächlich der Fleischgewinnung wegen gezüchtet wurden, haben sich aufwändige traditionelle Strickmuster entwickelt.

WORTSCHATZ

complete stranger *ganz und gar Fremde/r*
to suspect *verdächtigen*
whom *gehoben: den*

CHAPTER 2
THE DREAMER

„There's a third possibility", gibt Agatha zu bedenken. Wieder schiebt sie sich den Zwicker auf der Nase zurecht. „It was a ghost!" Sheriff Lumsden widmet sich seinem Whisky. „I think I'd prefer that." „Only in one of your scary stories, Aunt Agatha", erklärt Archie mit matter Stimme. „But I'm afraid it wouldn't even make a good story." Agatha nickt. „I agree." Dann holt sie tief Luft. „Well, Sheriff, we've got two suspects for you, but I guess you won't like them ..."

Die beiden erklären dem verblüfften Sheriff, wo sie die Stricknadeln mit den Initialen von Murdo Grant bekommen haben. Lumsden wird sehr still und starrt geradeaus. Dann stützt er den Kopf in die Hände. „Donald Graham or Hugh Macleod ..." Er schüttelt den Kopf. „I do hope you're wrong."

Elsie steht in der Tür. „Ma'am, Sirs ... I was at the post office today, and I have the feeling the postmaster knows something. I think he'd like to talk to you, Sheriff."

I DO HOPE

I hope oder I don't hope – normalerweise reicht das, um auszudrücken, welchen Ausgang man einem Geschehen wünscht. Setzt man das do auch in den positiven Satz, so bewirkt das eine Verstärkung, wie man sie im Deutschen zum Beispiel mit *wirklich* erreichen würde: I do hope you're wrong! *Ich hoffe wirklich, dass ihr falsch liegt!*

WORTSCHATZ

suspect *Verdächtige/r*
postmaster *Postbeamte/r*

CHAPTER 2
THE DREAMER

Am nächsten Morgen sitzen Agatha und Archie noch bei einem späten Frühstück, da Agatha bis spät in die Nacht geschrieben hat, als Elsie mit einem Brief ins Zimmer kommt. „A messenger boy has just brought this", sagt sie. „He says it's urgent."

Agatha nimmt einen Brieföffner vom Kaminsims und öffnet den Umschlag.

> Dear Lady,
> I am writing to you because I am deeply troubled. My name is Betty Graham, you bought some wool from me yesterday. Today, Sheriff Lumsden arrested my husband Donald. He suspects him of the murder of Murdo Grant. I know that he can't have done it, but the sheriff will not listen. He found some things in our house that came from Murdo, but we bought these things from him. We often bought from him. I'm worried and don't know what to do.

„Oh God", ruft Agatha aus, als sie den Brief ablegt. „If the sheriff is wrong and this was my fault ..." „Calm down", beruhigt Archie sie. „He could have done it. It's completely understandable his wife wants to defend him."

„At least we have to make absolutely sure that it wasn't anybody else", stellt Agatha resolut fest. „And I know just the place to start."

WORTSCHATZ

messenger boy *Botenjunge*
urgent *dringend*
deeply troubled *stark beunruhigt*
fault *Fehler*
to calm down *sich beruhigen*
understandable *verständlich*
to defend *verteidigen*
just the place *genau den richtigen Ort*

Das kleine Postbüro der Gegend ist leer, als Archie und Agatha dort eintreffen, doch die Tür ist offen. Ratlos schauen sie sich um. „Shouldn't there be someone here?", wundert sich Archie, als eine Tür hinter dem Schalter aufgeht. „I was feeding the chickens", verkündet ein kleiner rundlicher Mann. „What can I do for you?"

CHAPTER 2
THE DREAMER

Die beiden stellen sich vor und kommen gleich zum Punkt: „You said you wanted to speak to Sheriff Lumsden. Has he talked to you yet?" „No, he hasn't ...", antwortet der kleine Mann und streicht sich über die Glatze. „Maybe you can tell us what it was about? We believe this may be important." „Well, now ...", der Postmaster ist sichtlich überrascht und etwas unsicher. „I don't know ... well ... I just remembered when I heard they found Murdo's body. I thought about when I had seen him last, and that was at Betsy Fraser's wedding." Mit großen Augen sieht er seine Gäste an und verbessert sich. „Well, you don't know, I see. Never mind. Anyway, the wedding was on the 19th of March, and that was the last time anybody remembered seeing him. So it's clear he disappeared soon after the wedding, right? And now he has been murdered. And ... maybe it is important, after all." Agatha kann es kaum noch aushalten: Wenn er doch endlich zur Sache käme! In bemüht geduldigem Ton sagt sie: „Just tell us everything you remember."

„Well, you see, I'm very proud of being discreet, and I don't usually talk about anything anyone does in the post office. But this is murder, so ... to make it short, a couple of days after the wedding someone came to the post office and asked me to change some money. Nothing unusual. But it was a 10 pound note! And the person who gave it to me doesn't have this kind of money." Archie platzt fast vor Neugier: „Who?" Der Postmaster schüttelt den Kopf: „I won't say. But if you need to know, there is a parcel with this number for him." Mit diesen Worten schiebt er ein Stück Papier über den Tresen. Agatha nimmt es und runzelt die Stirn.

WORTSCHATZ

never mind *egal*
discreet *diskret*
this kind of money *solche Geldsummen*
parcel *Päckchen*

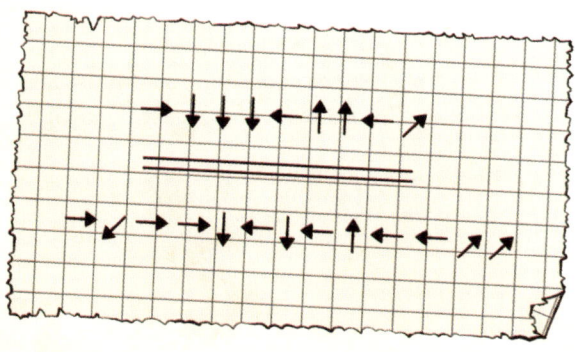

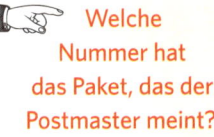 Welche Nummer hat das Paket, das der Postmaster meint?

CHAPTER 2
THE DREAMER

Agatha nimmt sich unter dem unsicheren Blick des Postmasters das Paket mit der Nummer 14 und schaut sich den Adressaten an. „Hugh Macleod! I thought so!", triumphiert Agatha.

„I don't know, I like him", entgegnet Archie zögerlich. „Don't forget, murderers can be nice and likeable." Agatha steht auf. „Remember Burke? He was friendly and good company." „Yes, very good company, ... until he murdered you", nickt Archie. „Still", gibt Agatha darauf zu bedenken, „the 10 pound note itself proves nothing ..."

„Let's find out a little bit more about Hugh Macleod", schlägt Archie vor. „We can start with Elsie."

Die beiden finden Elsie in der großen, altmodischen Küche, die noch eine offene Feuerstelle in ihrem Zentrum aufweist. Elsie jedoch kocht auf einem neuen Herd, der mit Kohle befeuert wird. Sie bereitet das Abendessen vor und sieht erstaunt auf, als sie die zwei im Türrahmen stehen sieht. „Is there anything you need?", fragt sie überrascht. „Just ring the bell ... I'll come to you." Agatha schüttelt den Kopf: „Nothing at all, but maybe you've got a cup of tea. We wanted to talk to you about the murder."

Als alle am Küchentisch sitzen, stellen Archie und Agatha fest, dass Elsie bereits von der Festnahme Donald Grahams gehört hat. „The sheriff's making a mistake here ...", sagt sie mit sorgenvollem Gesicht. „Donald didn't do it. He was with his wife Betty for almost a week after the wedding. Their youngest child had broken an arm. It cried a lot and needed Betty all the time. So Donald had to take care of their livestock and sent one of his farm hands to look after the sheep ..." „Has she told the sheriff?", fragt Archie erstaunt. „That's the thing! The sheriff wouldn't listen to her!" Elsie ist die Aufregung jetzt deutlich anzuhören. Agatha wechselt das Thema. „Young Hugh Macleod who's been helping the sheriff, what do you know about him? He's a good lad, isn't he?" Gespannt beobachten Archie und Agatha das Gesicht der Haushälterin, die unwillkürlich die Nase rümpft. „Not so good, eh?", bemerkt Agatha leise. „Tell us about him, please. It might be important."

WORTSCHATZ

likeable *liebenswert*
to prove *beweisen*
to ring the bell *klingeln*
livestock *Vieh*
farm hand *Landarbeiter/in*
That's the thing! *Das ist es ja gerade!*
Not so good, eh? *Doch nicht so gut?*

CHAPTER 2
THE DREAMER

The Peacock

Elsie erzählt: „Hugh's got good parents. Maybe too good. They spoiled him terribly. He's their only child, and he was a very good boy. Very clever, very bright. His father was poor, but he had a good education. So he – and sometimes the village pastor – taught Hugh, and he became very good at writing, mathematics, and even learned some French and Latin. Everybody thought he had a bright future ahead of him. Maybe he'd go to Inverness, or even to Glasgow ... But it didn't happen. When he was 16 or 17, he started drinking. Damsels, dress and drams, that's all that was on his mind now. He spent more money than he had on fancy, colourful clothes, and none of the prettier lasses was safe from him. His education just stopped, he lost the chance to go anywhere, but I think he quite enjoyed his life here. He started a school and became the schoolmaster, but that didn't last. People don't have the money to spare, and they need their children to work ... Well, he's still got friends ... or drinking companions, maybe that's a better word for it."

Nach ihrem langen Vortrag senkt Elsie den Kopf. „I don't talk bad about people, not usually, but if this helps to save Donald Graham ..." Agatha beruhigt sie: „You just told us what we have asked you. But there's one more thing. Did Hugh have more money than usual in the weeks after Murdo's disappearance?" Elsie nickt. „Everybody noticed, I think."

> **TO LOOK**
>
> Englisch hat zahlreiche **phrasal verbs** – Kombinationen aus einem Verb und einem anderen Wort, oft einer Präposition. **To look** kommt in zahlreichen solchen Kombinationen vor: **to look at, to look for, to look after,** und – etwas seltener – **to look into** *jemanden überprüfen*.

WORTSCHATZ

to spoil *hier: verwöhnen*
bright *intelligent; vielversprechend*
pastor *Pastor*
French *Französisch*
Latin *Latein*
damsel *veraltet: junge Frau*
dress *hier: Kleidung*
on sb's mind *in jds Kopf*
fancy *schick, ausgefallen*
lass *regional: Mädchen*
to have money to spare *Geld übrig haben*
drinking companion *Saufkumpan*

CHAPTER 2
THE DREAMER

„That's enough!", ruft Agatha resolut aus. „We've got to tell the sheriff! Donald is most likely innocent, and the sheriff must look into Hugh!" Agatha ist sichtlich aufgewühlt, als der Sheriff am Nachmittag in Assynt House eintrifft. „How could you do that?", hält sie ihm vor. „You've arrested Donald Graham without talking to his wife! And we've discovered a much likelier suspect!"

Der Sheriff grinst breit und nickt. „I see. Maybe a cup of tea first?" Agatha sieht aus, als wolle sie platzen, doch dann beruhigt sie sich und lässt Elsie Tee und Shortbread bringen. Nachdem der Sheriff einen ersten Schluck genommen hat, sagt er langsam und gedehnt: „You suspect our young friend Hugh Macleod, don't you?" Archie und Agatha starren ihn mit offenen Mündern an. Dann nickt Archie. „He's had more money after Murdo's disappearance, the postmaster even changed a 10 pound note for him!"

„I know." Der Sheriff nickt. „I suspect him, too." Ungläubig sehen ihn die beiden anderen an. Dann erklärt der Sheriff sein Vorgehen:

„I haven't got any proof. This is a tight-knit community, everybody knows everybody else. I am sure somebody knows something, but no-one will tell me anything. They won't send one of their own to the gallows ... unless maybe to save an innocent man."

Archie schüttelt verwundert den Kopf. Lumsden hat die Verhaftung scheinbar nur vorgenommen, um die Leute zum Reden zu bringen. Und das hat ganz offensichtlich funktioniert.

> **TIGHT-KNIT**
>
> A tight-knit community bezeichnet eine soziale Gruppe, die eng miteinander verwoben ist, die zusammenhält wie ein fest gestricktes Stoffstück.

WORTSCHATZ

gallows *Galgen*
innocent *unschuldig*

CHAPTER 2
THE DREAMER

Kenneth, the Dreamer

Am nächsten Morgen begleiten Agatha und Archie Sheriff Lumsden und zwei bullige Polizisten aus Inverness zum Haus, in dem Hugh Macleod mit seinen Eltern wohnt. Im Gegensatz zu Hughs neuer und eleganter Kleidung wirkt das Haus ärmlich und mitgenommen. Hugh ist allein zuhause, seine Eltern sind nach Inverness auf den Markt gefahren. Der Sheriff verhaftet den völlig verdutzten Hugh und lässt ihn in einer Kammer zurück, bewacht von einem der beiden Polizisten.

Lumsden, der andere Polizist sowie Agatha und Archie durchsuchen das Haus. Wenn es sich bei Hugh um den Mörder handelt, sollten sich irgendwo Dinge befinden, die aus Murdo Grants Besitz stammen. Das Haus ist klein und schnell durchsucht. Alles ist schlicht und zeugt von Armut. Nur ein Bücherregal mit vielen abgegriffenen Bänden verrät die Bildung eines Bewohners. Hughs eigenes kleines Zimmer ist ein großer Kontrast: Überall hängen und liegen Kleidungsstücke, deren Farbenfreude und moderner Schnitt einen Wohlstand verkünden, den der Rest des Hauses keineswegs spiegelt. „**If he took Murdo's money, he didn't do it to help his parents, that's for sure**", erklärt Lumsden mit angewiderter Stimme.

Dennoch: So viele Dinge hier auch liegen, es findet sich nichts, was Hugh direkt mit Murdo in Verbindung bringen würde. Sheriff Lumsden seufzt: „**We won't get a court case without any evidence. Let's hope there's something in the stables.**"

Als die drei zum Stall gehen, ist ihnen klar, dass sie beobachtet werden. Die ganze Umgebung scheint mitbekommen zu haben, dass Hugh verhaftet wurde. „**Are you taking him to Inverness now?**", will ein kleiner Junge wissen, als Lumsden aus dem Haus tritt. „**I don't know**", antwortet Lumsden. „**We can't take him without proof ...**"

Während er und die anderen den Stall nach möglichen Verstecken und Gegenständen aus Grants Besitz durchsuchen, verbreitet sich draußen die Nachricht von Hughs möglicher Freilassung aufgrund fehlender Beweise wie ein Lauffeuer, davon sind Agatha und Lumsden überzeugt. „**Maybe this will make someone talk.**" Lumsdens Bemerkung klingt wie ein Stoßgebet. Und der Himmel scheint ihn zu erhören: Als er mit den anderen wieder auf den Hof tritt, steht ihm ein junger Mann gegenüber. „**Kenneth Fraser**", begrüßt ihn Lumsden mit Namen und sieht ihn

WORTSCHATZ

to get a court case einen Fall vor Gericht bringen
stable Stall
proof Beweis

CHAPTER 2
THE DREAMER

fragend an. Kenneth senkt den Kopf: „I cannot offer you proof ... but I have the second sight." Fragend blickt er sein Gegenüber an, als erwarte er Spott. Als der nicht kommt, hebt er den Kopf und beginnt in einem Singsang zu sprechen:

„I dreamt. And I saw. I saw Hugh. A big rock in his fist. I saw Murdo fall. I saw blood, and I felt tears. I saw Hugh pull Murdo to the loch. I felt the water, and the cold, and death ..."

Ein Kreis hat sich gebildet. „He's Kenneth the dreamer", flüstert jemand. „He's got second sight." Sheriff Lumsden nickt. „Thank you, Kenneth – but a court of law will still need proof." Eine Weile steht Kenneth da. Wie in Trance blicken seine offenen Augen in die Ferne, mit einem Stückchen Kohle kritzelt er Zeichen auf den Boden. Dann beginnt er zu sprechen: „A Gaelic voice is calling to me. It's telling you where to look. This is what it says, but you'll have to add everything else you know ..."

WORTSCHATZ

fist *Faust*
court of law *Gericht*
Gaelic *gälisch*

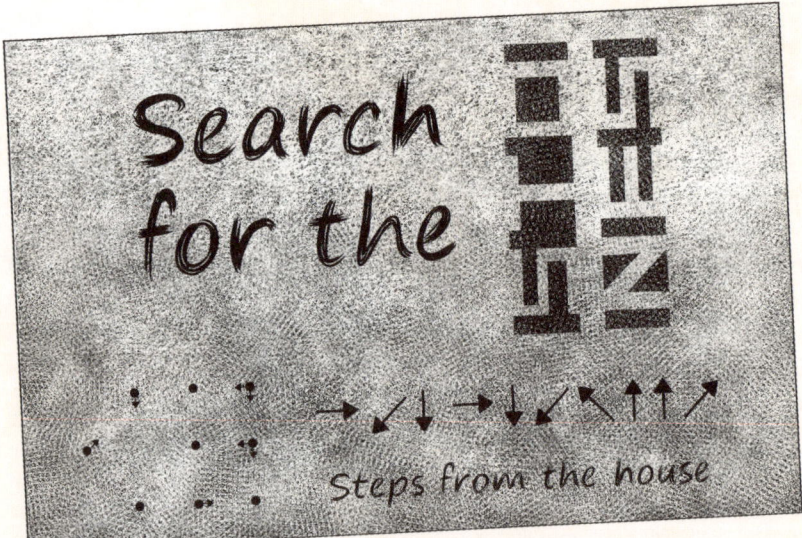

👉 Wohin leiten die Hinweise den Sheriff? Die Anzahl der Schritte ist zugleich auch die Seitenzahl, auf der das Kapitelfinale zu finden ist.

CHAPTER 3

FATAL ATTRACTION

**CHAPTER 3
FATAL ATTRACTION**

Glasgow

19TH CENTURY GLASGOW

Glasgow war eine der ersten britischen Städte, die die Industrialisierung voll zu spüren bekam. Im Lauf von 100 Jahren verzehnfachte sich die Bevölkerung, unter anderem durch starke Einwanderung aus Irland. Die Folgen auf dem Arbeits- und Wohnungsmarkt waren gravierend, spürbar in den Lebensbedingungen ebenso wie bei der Kriminalitätsrate.

„What are you going to do today?" Lady Agatha streicht etwas Marmelade auf eine Scheibe Toast und schaut ihren Neffen Archie an, der ihr am Tisch gegenüber sitzt. Sie sind nicht in Agathas Haus in Edinburgh, sondern im luxuriösen Crown Hotel in Glasgow. Agatha ist hier, um mit ihrem Verleger James McPherson über ihr neues Buch zu verhandeln. Archie, inzwischen Pathologe an der Universität Edinburgh, hat sich ein paar Tage freigenommen. „I'm going to meet Simon today", sagt er. „Simon Kelly, our friend from the Burke and Hare case?", fragt Agatha interessiert. „The same", nickt Archie. „I haven't seen him for almost ten years. He's a police surgeon in Glasgow now." „Oh, is he?" Agatha ist sofort neugierig. „There's so much crime in Glasgow, I've heard. He must have some juicy stories." „Glad to see that you're still your old morbid self", kommentiert Archie trocken. „This is just professional interest", wehrt Agatha ab, aber ihre Augen glitzern. „I need material to write my stories." „Well, I can ask him to have dinner with us, if you want", schlägt Archie vor. „I'd like that very much", nickt Agatha zustimmend und faltet ihre Serviette zusammen. In einer Stunde hat sie ihr Treffen mit McPherson.

Archie hat noch etwas Zeit bis zu seinem Treffen mit Simon, also macht er sich auf und streift durch Glasgows Straßen. Edinburgh ist geschäftig und betriebsam, doch nichts im Vergleich zu der pulsierenden Energie, die Glasgow erfüllt. Die elegantere Westseite präsentiert prachtvolle, hohe Wohngebäude. In den Geschäftsstraßen finden sich

WORTSCHATZ

fatal *schicksalsträchtig; tödlich*
attraction *Anziehungskraft*
the same *genau der/die*
police surgeon *forensischer Pathologe*
juicy *pikant*
morbid *morbide*
one's self *das Selbst*
your old morbid self *so morbide wie eh und je*

CHAPTER 3
FATAL ATTRACTION

Läden mit feinsten Waren aus aller Welt, ausgesuchter Handwerkskunst und luxuriöser Kleidung. Feine Damen und Herren sowie gehetzt wirkende Dienstboten frequentieren die Geschäfte, Kutschen fahren klappernd über das Kopfsteinpflaster. Als Archie weiter nach Osten kommt, beginnt sich das Bild fast unmerklich zu ändern: Zwischen die luxuriösen Geschäfte mischen sich einfache Läden und die ein oder andere Pfandleihe, erkennbar an drei goldenen Kugeln, die von einem Ausleger baumeln. Aus dem Augenwinkel erkennt Archie, dass es zwischen ein paar Passanten zu einem Handgemenge kommt, dann sieht er einen zerlumpten Jungen rennen. Da der Junge in seine Richtung läuft, reagiert Archie schnell und ergreift ihn. Der kleine, schmächtige Kerl ist stärker als gedacht. Wie ein Wiesel windet er sich, und schon ist er Archies Griff entschlüpft – doch zu dessen Überraschung hat er eine dicke Geldbörse zurückgelassen. Ein Mann in einem schwarzen Mantel läuft mit großen Augen auf ihn zu. „Oh my God, thank you so much!", schnauft der Mann. „The pickpocket got away", zuckt Archie mit den Schultern. „Never mind that", sagt der Mann mit resigniertem Blick, „whenever you catch one of them, ten more will be around the next corner. But you've got my wallet, and that's so fortunate." Er nimmt eine Pfundmünze heraus und drückt sie Archie in die Hand. „Thank you so much", sagt er noch einmal, und dann ist er schnellen Schrittes verschwunden.

Wenig später ist Archie bei dem Tea Room eingetroffen, wo er sich mit Simon treffen will. Als er eintritt, sitzt der alte Freund bereits an einem kleinen Tisch mit weißer Spitzentischdecke, etwas älter, doch sonst kaum verändert. Freudig begrüßen sich die beiden: „You haven't written you're living in such a dangerous place", klopft Archie ihm auf die Schulter. „Why?", fragt Simon. „Has a pickpocket got you?" „No, I got one ... or I almost did", grinst Archie. „You should move to Glasgow, you'd get along fine then", kommentiert Simon. Dann wird er ernst: „This is a real problem here – too much crime. The city's growing rapidly, there's incredible wealth on the one side, and a lot of abject poverty on the other. Pickpockets are really among the smaller of our problems ..."

WORTSCHATZ

pickpocket *Taschendieb/in*
Never mind that. *Das ist egal.*
wallet *Geldbörse*
fortunate *hier: ein Glück*
rapidly *schnell*
incredible *unglaublich*
wealth *Reichtum, Wohlstand*
abject *äußerste(r/s)*
poverty *Armut*

CHAPTER 3
FATAL ATTRACTION

Gerade als Simon Tee bestellen will, wird die Tür aufgerissen. „Dr Kelly", ruft ein Polizist atemlos. „Thank God, you're here. We need you! Quick, it's near here!" Während der Polizist mit Simon und Archie im Schlepptau durch die Straßen hastet, setzt er sie mit keuchender Stimme in Kenntnis: „We were called to a house in Millroad Street, where a burglary was going on. Constable Johnstone walked into the room when two men rushed against him, and one hit him on the head with something hard. He's not conscious ... the men escaped."

Endlich haben sie das Haus erreicht und rennen das Treppenhaus in die zweite Etage hinauf. Eine ältere Frau steht händeringend in einem kleinen Salon, auf einem Samtsofa liegt Constable Johnstone. „He's breathing, at least, but I don't know what to do!" Simon beugt sich über den bewusstlosen Mann, überprüft Puls und Atmung und untersucht schließlich die Wunde am Kopf. Erleichtert blickt er auf: „He'll come around", sagt er bestimmt und sieht dann in die Runde: „So, tell me what's happened here." Die ältere Dame meldet sich zu Wort: „These men came in here ... I don't know when. I was in the kitchen and didn't notice anything. They went into Mr L'Angelier's room. They ransacked it, probably didn't know I was in the flat. When I heard the noise, I went outside and found these policemen who came to help me. I'm so glad the constable isn't dead ..."

„Where is Mr L'Angelier's room?", will Simon wissen und wird zu einer Tür am gegenüberliegenden Ende des Raumes verwiesen. „They didn't disturb anything here", bemerkt er, und wirft noch einen Blick in den kleinen, ordentlichen Salon mit dem Klavier und dem roten Samtsofa. „No, it seems they were only interested in Mr L'Angelier's things", bestätigt der Polizist.

„Do you know what's missing?", fragt Simon die Frau, die sich inzwischen als Mrs Jenkins vorgestellt hat. „No, I'm sorry. I have no idea ..." „So we'll have to wait until Mr L'Angelier comes back and tells us what's missing", antwortet Simon und sieht erstaunt das Entsetzen in Mrs Jenkins Augen, die sich hektisch bekreuzigt. „What's wrong?", fragt er. „Oh, you couldn't know", sagt sie und hält sich ein Taschentuch an die Augen. „He's departed." „Departed where?", fragt Simon verwirrt, als Archie ihm die Hand auf die Schulter legt und sagt: „She wants to tell you he's deceased." „What, he's dead?", stößt Simon hervor, und Mrs Jenkins schluchzt ni-

WORTSCHATZ

burglary *Einbruch*
constable *Polizeiwachtmeister/in*
to rush *stürzen, rasen*
conscious *bei Bewusstsein*
to come around *hier: zu sich kommen*
to ransack *plündern*
to disturb *durcheinander bringen*
to depart *weggehen*
departed *weggegangen; verstorben*

CHAPTER 3
FATAL ATTRACTION

ckend in ihr Taschentuch. „Who's next of kin?", will Archie wissen. Mrs Jenkins schüttelt den Kopf: „I don't know anything about his family. He comes from the Channel Islands, worked as a clerk in one of the big warehouses ... One time he told me ‚Mrs Jenkins, I'll be married soon', but I've never seen his fiancée. And I don't have addresses of anyone." Wieder schluchzt sie leise.

> **CHANNEL ISLANDS**
>
> Die **Channel Islands** *Kanalinseln* liegen vor der Küste der französischen Normandie im **English Channel** *Ärmelkanal*. Die beiden größten Inseln sind Guernsey und Jersey.

„I guess if you want to find out anything, you'll have to search his room", überlegt Archie halblaut. „Let's do this", stimmt Simon zu. An den Polizisten gewandt fügt er hinzu: „You go and fetch Inspector Ogilvy. And Dr Fletcher, so he can have a look at Johnstone."

Als Simon das Zimmer des verstorbenen Mr L'Angelier betritt, erinnert er sich an einen Spruch aus dem Studium: „Secrets are like poems, the truth is in the rhymes."

 Wo ist das geheime Versteck?

WORTSCHATZ

deceased *verstorben*
next of kin *nächste/r Angehörige/r*
clerk *Büroangestellte/r*
warehouse *Lagerhaus*
fiancée *Verlobte*
inspector *Inspektor*
rhyme *Reim*

CHAPTER 3
FATAL ATTRACTION

Love Letters

Agatha stellt das Weinglas ab und wirft noch einen Blick auf einen der Briefe, die Archie und Simon in dem Geheimversteck im Kopfende des Bettes gefunden und – mit Erlaubnis von Inspector Ogilvy – mit zum gemeinsamen Abendessen gebracht haben. Agatha hatte, wie kaum anders zu erwarten, enthusiastisch auf die Geschehnisse des Tages reagiert und konnte kaum erwarten, dass das Essen im eleganten Restaurant des Crown Hotel beendet war, um in die Ermittlungsarbeit einzusteigen.

„Scandalous", erklärt sie genussvoll, und lehnt sich zurück. „Whoever this mysterious Mimi is – she is refreshingly shameless." Archie bekommt bei diesen Bemerkungen sichtlich rote Ohren. „Do we know anything else about her?", fragt Agatha. „I mean, apart from how she wished her dear Emile would lie beside her and love her?" Archie fühlt sich nun sichtlich unwohl. Simon, weniger verstört, schüttelt den Kopf. „Not much. But there are so many letters – 198, can you believe that! – someone has to read them all to find a clue."

Simon hat derweil einen der anderen Briefe studiert, und blickt auf: „Maybe I've got something interesting here." Die anderen beugen sich über das Papier.

> **ANSTAND UND SITTE**
>
> In Viktorianischen Zeiten war Intimität vor (und außerhalb) der Ehe sehr unterschiedlich angesehen: In der Oberschicht und der wachsenden oberen Mittelschicht war sie ein großer Skandal. Ein junge Frau, die ihre „Unschuld" verloren hatte, hatte ihre Chancen auf eine vorteilhafte Partie verwirkt. Außerhalb der Elite war man oft pragmatischer: Es war nicht völlig unüblich, als **common law husband** und **common law wife** ohne Trauschein zusammen zu leben.

WORTSCHATZ

love letter *Liebesbrief*
scandalous *skandalös*
whoever *wer auch immer*
mysterious *mysteriös*
refreshingly *erfrischend*
shameless *schamlos*
clue *Hinweis*

CHAPTER 3
FATAL ATTRACTION

> I have promised to marry you knowing I would never have my father's consent. I would be obliged to marry you in secret. I knew you were poor. All this I did not mind. I trust we have days of happiness before us – but God knows we have days of misery, too. Emile, my own, my ever dear husband, I have suffered much on your account from my family. They have laughed at my love for you – they taunted me regarding you. I was watched all last winter. I was not allowed out by myself for fear I should meet you – but if I can I shall cheat them this winter. I shall avoid you at first, and that may cause them to allow me out by myself. I shall write to you as often as I can – but it cannot be three times a week as it has been...

„It doesn't sound like he was going to be married soon ...", kommentiert Simon. Archie, immer noch unangenehm berührt, gibt zu bedenken: „I think it's clear that he was having an illicit affair with a young woman whose family would not accept him. But isn't this private? Should we be reading this at all? I don't think the letters were what the burglars wanted. There's no crime here." „Unless", Agatha lehnt sich zurück, „dear Emile was murdered." Die anderen schauen sie überrascht an. „You only know he died – have you found out when or how? If this young girl was in love with him, he probably didn't die of old age." Grinsend genießt Agatha den Effekt ihrer Worte und fügt hinzu: „Let's find out how he died!"

WORTSCHATZ

consent *Zustimmung*
in secret *im Geheimen*
to be obliged to do sth *gezwungen sein, etw zu tun*
misery *Elend*
on your account *deinetwegen*
to taunt sb *jmd verhöhnen*
for fear *aus Angst*
I shall *veraltet: ich werde*
to cheat *täuschen, betrügen*
to cause sb to do sth *jmd dazu bringen, etw zu tun*
by myself *allein*
illicit *verboten*
affair *heimliche Beziehung, Affäre*
burglar *Einbrecher/in*
to die of old age *an Altersschwäche sterben*

CHAPTER 3
FATAL ATTRACTION

A Strange Illness

VICTORIAN REMEDIES

Was Medizin und Heilmittel angeht, war das Viktorianische Zeitalter zwischen Moderne und Tradition. In dieser Zeit wurde der Grundstein für moderne Pharmazie gelegt, und allerlei Hausmittel – wie der *Senfwickel* **mustard poultice** – werden noch heute angewandt. Laudanum – in Alkohol gelöstes Opium – wurde gerne als Schlaf- und Beruhigungmittel eingesetzt, aber 1920 verboten.

Als Archie, Agatha und Simon bei Mrs Jenkins klopfen, ist diese sehr erstaunt. „Is this about the police constable?", fragt sie besorgt. „No", beruhigt Simon sie sofort, während Mrs Jenkins sie in den kleinen Salon bittet. „Constable Johnstone is fine. He's got a terrible headache, but he'll be all right." „We've come for something else", hakt Archie ein. „We wonder if you can tell us what Mr L'Angelier died from. He wasn't very old, was he?" „No, indeed, he wasn't. About 30, I think", erzählt Mrs Jenkins und läuft in die Küche. „Let me get you some tea first. I've got the kettle on." In Windeseile ist die ältere Dame mit einem Tablett zurück. Während sie den dampfenden Tee in kleine Porzellantassen einschenkt, berichtet sie. „Mr L'Angelier was in excellent health, a very fit and energetic young man. And he was always dapper, well-dressed and so neat. He didn't have a lot of money, but he really took care of his appearance." „So, was he ever ill?", fragt Simon nach. Mrs Jenkins überlegt. „No, not until these last couple of months. He started having stomach cramps. Once it took him a whole week to get well. He stayed in bed then, and I gave him gruel to eat, that helped. There was one time when I sent for the doctor."

Mrs Jenkins denkt kurz nach: „Mr L'Angelier said that somehow he was reacting to coffee and cocoa. When he was at home, he never drank anything but tea after that. But I suppose he must have had coffee or cocoa elsewhere, because there were some more occasions when he was sick. The last time, only four days ago, he came home late, and

WORTSCHATZ

kettle *Teekessel*
on *hier: auf dem Herd*
energetic *voller Energie*
dapper *adrett*
neat *ordentlich, gepflegt*
appearance *Aussehen*
stomach cramps *Bauchkrämpfe*
to get well *gesund werden*
gruel *Grütze, Haferschleim*
cocoa *Kakao*

CHAPTER 3
FATAL ATTRACTION

he looked like death. I was surprised he was even there, he had wanted to go to Bridge of Allan for a couple of days, for his health. Anyway, there he was, in the middle of the night. He said he was cold, so I tucked him up in bed with hot-water bottles. He got worse during the night. I was so worried, I went all the way to the doctor myself to ask for his advice. He told me to give him some laudanum in water, and to apply mustard poultices. Mr L'Angelier refused the poultices, and he couldn't drink the laudanum. At seven o'clock I got the doctor to come here himself and look at Mr L'Angelier."

„And what did the doctor say?", fragt Simon. „The doctor thought Mr L'Angelier was just drunk and told me to stop worrying." Die ältere Dame schüttelt den Kopf. „At nine o'clock, he had died."

„I think he was poisoned", meldet sich Agatha zu Wort. Obwohl Archie die dramatischen Vermutungen seiner Tante oft für übertrieben hält – diesmal stimmt er ihr zu. „We must inform Inspector Ogilvy. Has L'Angelier been buried yet?" Die Frage richtet sich an Mrs Jenkins. „Oh yes, he was buried the day before yesterday. A lot of his colleagues from Huggins & Co were there, and my other lodger, Mr Thuau ..." Sie reicht Agatha eine ausgeschnittene Todesanzeige, verstummt und sieht fragend in die Gesichter ihrer Besucher. Agatha und Simon schauen sich wissend an und beschließen wortlos, Mrs Jenkins nicht mit den unschönen Details des nächsten Schrittes zu belasten. Schnell hat Agatha einige Zahlen auf der Todesanzeige ergänzt und reicht ihrem Neffen das Stück Papier.

---

4 **Funeral service**
3 next Sunday
6 at eight o'clock

5 We mourn the sudden death of
2 **Emile L'Angelier**
*1825 – †1857

4 We say goodbye
1 to a dear colleague
6 and friend.

6 Ramshorn Graveyard
2 Ingram Street, Glasgow

WORTSCHATZ

occasion *Gelegenheit*
to tuck sb up *jmd fest zudecken*
hot-water bottle *Wärmflasche*
laudanum *Laudanum*
mustard poultice *Senfwickel*
poisoned *vergiftet*
lodger *Untermieter/in*
funeral *Beerdigung*
service *hier: Gottesdienst*
to mourn *betrauern*

Was ist für die weiteren Ermittlungen unumgänglich?

CHAPTER 3
FATAL ATTRACTION

"We need to talk to Inspector Ogilvy about an exhumation." Entschlossen verlassen Simon und Archie die Wohnung. Lady Agatha bleibt bei Mrs Jenkins zurück. "You must have suffered such a great shock", sagt sie mitfühlend. "Did you like Mr L'Angelier? What kind of man was he?" Mrs Jenkins überlegt kurz. "He was a good lodger, quite friendly. He didn't have a lot of money, but he paid his rent on time. Personally … well, I shouldn't speak ill of the dead." Sie hält inne, doch Agathas ermunternder Blick lässt sie fortfahren. "You see, I think he was very vain, almost arrogant. And I had the feeling he was trying to marry rich …"

Das Stichwort kommt Agatha gerade recht. Sie nickt. "We've read some of his letters. He had an intense relationship with one particular girl. Do you know who she was?" "No", Mrs Jenkins schüttelt den Kopf. "He never mentioned a name. And she never came here. I always thought she probably was from a very good family, and I wondered why – or if – her father would approve."

Agatha nickt: "From the letters we have good reason to believe that he didn't approve." Mrs Jenkins legt die Stirn in Falten: "So much that he poisoned him?" Agatha zuckt mit den Schultern: "That seems extreme, doesn't it? It could have been a rival." Mrs Jenkins seufzt. "I cannot imagine someone would do something like this … this is really horrible."

Einen Moment lang herrscht Schweigen. Dann wendet sich Agatha mit eindringlicher Stimme an Mrs Jenkins: "I think it's really important to find out who the young lady is, don't you? Have you got any idea how to find out?"

SPEAKING ILL OF THE DEAD

Das Tabu, nichts Schlechtes über die Toten zu reden, geht auf den griechischen Weisen Chilon von Sparta im 6. Jahrhundert vor Christus zurück. Im englischen Sprachraum gilt diese Prämisse viel – eingehalten wird sie natürlich nicht immer. **I won't speak ill of the dead** wird oft gefolgt von einem **"but"**, nach dem es für gewöhnlich interessant wird.

WORTSCHATZ

exhumation *Exhumierung*
to suffer a shock *einen Schock erleiden*
vain *eitel*
arrogant *arrogant*
to marry rich *reich heiraten*
intense *intensiv, heftig*
particular *besondere(r/s)*
to approve *etw gutheißen*
to have good reason to do sth *guten Grund haben, etw zu tun*
extreme *extrem*
rival *Rivale, Rivalin*

CHAPTER 3
FATAL ATTRACTION

„I might have something." Mrs Jenkins steht auf und geht zum Klavier. Darauf steht eine kleine Schachtel. „Mr L'Angelier left this box in the salon about three or four weeks ago. I told him, but he said he didn't want to look at it now, so I just left it on the piano. I completely forgot about it up until now." „At least the burglars didn't take it", strahlt Agatha. „Let's see what it is!"

In dem Kästchen liegt ein goldenes Medaillon. Ob sich darin das Bildnis der geheimnisvollen Dame befindet? Beide Frauen halten den Atem an, als sie das winzige Häkchen öffnen, um das Medaillon aufzuklappen. Als es offen vor ihnen liegt, sind sie überrascht. „This is a picture of Mr L'Angelier!", ruft Mrs Jenkins erstaunt aus. „He was a handsome man!", kommentiert Agatha. „Yes", stimmt Mrs Jenkins zu, „but the picture is rather flattering."

„Well, the reason that he had it, and that he didn't want to look at it, tells us something", stellt Agatha fest. „What do you mean?", fragt die Zimmerwirtin verblüfft. „It tells us that the relationship was in trouble. Most likely, he gave this locket to his beloved Mimi – and if she gave it back, that means she wanted to end their relationship. No wonder he didn't want to look at it!" Mrs Jenkins nickt. „Yes, that makes sense ... but I remember he still talked about getting married in the weeks after that."

„A man who wanted to marry rich and who wouldn't take no for an answer ...", sinniert Agatha. In ihrem Kopf formt sich eine Idee dessen, was vorgefallen sein könnte.

WORTSCHATZ

salon *Salon*
up until now *bis jetzt*
flattering *schmeichelhaft*
locket *Medaillon*
beloved *geliebt*
to take no for an answer *ein Nein akzeptieren*

CHAPTER 3
FATAL ATTRACTION

The Dead Man's Secret

Es ist früh am Morgen, als zwei Totengräber das Grab von Pierre Emile L'Angelier öffnen. Während einer der beiden die Aufgabe scheinbar als gelungene Abwechslung empfindet, zeigt der andere nur wenig Verständnis: „Can't the police let a man rest in peace? He's dead and buried – why should anyone want to dig him up again?"

Archie muss grinsen. Schließlich wissen er und Simon genau, warum sie den Leichnam exhumiert haben möchten. Als der Sarg mit Seilen an die Oberfläche gezogen werden muss, packen er, Simon und der Police Constable, der sie begleitet, mit an, und schon bald ist Mr L'Angelier auf dem Weg zur Polizei. Die Polizei Glasgow hat auf Simons Verlangen einen Obduktionsraum eingerichtet – ein einfacher Raum in einem Außengebäude mit einem Steinfußboden und einem ebenfalls steinernen Obduktionstisch in der Mitte. Archie unterstützt seinen alten Freund bei der Obduktion.

„A lot of poisoners think that you can't tell if someone died from arsenic", sagt Simon, während er den Magen des Toten öffnet. Constable Flemming, der sie seit heute morgen begleitet hat, sieht interessiert zu. „but, as you can see ...", mit diesen Worten gibt er etwas von dem giftig grün-gelben Mageninhalt in ein Reagenzglas, hält es gegen das Licht und verkorkt es. „Even if the poison itself is colourless and tasteless – it can be found."

„It's been possible to prove it for decades", fügt Archie hinzu, dessen Hobby die Geschichte der forensischen Toxikologie ist. „Carl Wilhelm Scheele developed a test in 1775 ..." „All right, we don't need the details",

ARSENIC

Arsenic *Arsen* war ein leicht erhältliches und ausgesprochen billiges Gift. Es fiel als Nebenprodukt bei industriellen Prozessen an und wurde vielfältig eingesetzt: in der Landwirtschaft als Fungizid und zur Schädlingsbekämpfung, Bauern imprägnierten ihr Saatgut damit. Sogar als Lebensmittelfarbe und in Kosmetik kam das Gift zum Einsatz – und in der Farbe äußerst beliebter grüner Tapeten, die die Bewohner der Räume langsam aber sicher vergifteten. Sogar Napoleon soll seiner Wanddekoration zum Opfer gefallen sein.

WORTSCHATZ

to rest in peace *in Frieden ruhen*
buried *begraben*
to dig sb up *jdn ausgraben*
poisoner *Giftmischer/in*
colourless *farblos*
tasteless *geschmacksneutral*
to prove *beweisen, hier: nachweisen*

CHAPTER 3
FATAL ATTRACTION

unterbricht Simon. „I have never seen a case where I don't even have to do a chemical examination – look at this colour!" Trotzdem stellt er ein Probe für die spätere chemische Untersuchung zur Seite. Die Untersuchung der Magenwände ergibt gelbliche Verkrustungen. „The liver is visibly damaged, too", sagt Simon, nachdem er das Organ entnommen hat. Constable Flemming schreibt tapfer mit, auch wenn er inzwischen etwas blass um die Nase aussieht. Die Obduktion ergibt – nachdem weitere Schäden an Darm und Hirn festgestellt wurden – dass die Vergiftung definitiv über längere Zeit erfolgt ist. „I think we can agree that this wasn't caused by something he ate or drank by accident." Archie nickt. „Someone really wanted to kill him."

Der Magen und sein Inhalt werden an Dr Frederick Penny geschickt, einen Chemieprofessor an der Andersonian University in Glasgow. Weder Simon noch Archie haben Zweifel daran, was die Untersuchung ergeben wird.

Am Nachmittag sind Simon und Archie mit Agatha zum Tee im Crown Hotel verabredet. Simon schaut auf seine Taschenuhr. „Let's take a walk", sagt er. „I need some air before I can think of anything to eat or to drink." Archie nickt zustimmend und schaut auf ein Stück Papier, das er in L'Angeliers Sachen gefunden hat. „Let's do that. And I think I have an idea where we should go. Look at this flyer." Mit einem vielsagenden Grinsen fügt er hinzu: „If you can tell me the hidden number code, I might tell you where we're going! "

WORTSCHATZ

decade *Jahrzehnt*
chemical *chemisch*
examination *Untersuchung*
liver *Leber*
visibly *sichtbar*
flyer *Flugblatt*
number code *Zahlencode*
income *Einkommen*

Wie lautet der Zahlencode?

CHAPTER 3
FATAL ATTRACTION

Schnell haben Agatha und Simon den Code geknackt, und Archie führt sie wie versprochen ans Ziel. „Here we are!", ruft Archie aus, als er und Simon nach einem strammen Spaziergang an einem großen Geschäftshaus eintreffen. Huggins & Co steht über dem Eingang. „What do we want here?", will Simon verblüfft wissen. „This is where L'Anglier worked. He probably worked on the creation of the flyer", erklärt Archie und geht auf die Eingangstür zu. Schnell stellen die beiden fest, dass L'Angelier an seinem Arbeitsplatz ein beliebter Mann war. Zwei leitende Angestellte, William Stevenson und Thomas Kennedy, führen Simon und Archie in das Büro, in dem der Schreibtisch des Verstorbenen steht.

„We were so shocked to learn of Mr L'Angelier's death", sagt Stevenson. „He was still young, full of energy, and he was looking forward to getting married." Simon nickt. „Yes, we've heard. Have you got any idea of his fiancée's name so we can offer our condolences?" Stevenson schüttelt den Kopf. „Unfortunately not. He might have said a name, but I don't remember. What is your interest in him, if I may ask?"

Stevenson und Kennedy werden ernst und bleich, als Simon und Archie von der Vergiftung erzählen. „Who would do something like this?" flüstert Kennedy sichtlich schockiert. „He was a friendly man – very confident and very good company." Stevenson nickt. „Maybe a bit vain, but that's nothing to kill someone for", fügt er hinzu. „He was a good worker – very ambitious. He comes from Jersey, but sometimes he claimed he was French and had noble ancestors. I'm sure that was not true, but it didn't hurt anyone." Kennedy, der sich inzwischen gefangen hat, geht zu einem Schreibtisch. „If he was murdered, we should look at his things. Maybe there's a clue as to who or why in his desk ..."

Auf der lederbezogenen Arbeitsplatte liegt nichts, abgewetzte Stellen zeugen von fleißiger Arbeit. Die Schreibgeräte stehen ordentlich aufgereiht und gereinigt an ihrem Platz. L'Angelier hat allem Anschein nach Wert auf Sauberkeit gelegt. Zwischen dem Tintenfass und dem Blotter klemmt eine cremeweiße Karte. Simon zieht sie heraus.

WORTSCHATZ

creation *hier: Erstellung*
to earn *hier: erfahren*
to offer condolences *Beileid bekunden*
good company *angenehme Gesellschaft*
ambitious *ehrgeizig*
to claim *behaupten*
noble *adlig*
ancestor *Vorfahre, Vorfahrin*
clue *Hinweis*

CHAPTER 3
FATAL ATTRACTION

Monsieur
Auguste de Mean
French Consulate

WORTSCHATZ

consulate *Konsulat*
to be mixed up in sth *in etw verstrickt sein*
spy business *Spionagegeschäfte*
to get carried away *es übertreiben*
correspondence *Korrespondenz, Briefverkehr*
to take over *übernehmen*
responsibilities *Aufgaben*

„French Consulate? Maybe he was French after all?", überlegt Archie. „Maybe he was mixed up in something, some spy business ..."
Simon lacht. „That's what your aunt would have said! Let's not get carried away. What's in there?" Damit weist er auf den schmalen Schrank unter der Schreibtischplatte, der mit einer Rolltür verschlossen ist. Kennedy zuckt mit den Schultern. „Probably just correspondence. He did a lot of the company's French correspondence, you know. Whether he was French or just from Jersey – his French was excellent." Er versucht den Schrank zu öffnen. „It's locked", erklärt er überrascht. „We don't usually lock our desks at Huggins & Co!"

Nachdem die Suche nach dem Schlüssel erfolglos verlaufen ist, verschwindet Mr Stevenson und kommt kurz darauf mit einem großen Schraubenzieher zurück. „I know these locks ...", murmelt er, während er den Schraubenzieher in den schmalen Spalt zwischen Schreibtischplatte und Oberkante der Tür setzt und mit einem gezielten Dreh den Riegel knackend öffnet. „We've had missing keys before", fügt er erklärend hinzu, wie um den Verdacht auszuräumen, er untersuche öfter den Schreibtischinhalt seiner Angestellten. In dem Schränkchen befinden sich tatsächlich einige Akten mit Firmenkorrespondenz. Kennedy nimmt diese an sich. „I'll give these to Mr Moreau, he's taken over L'Angelier's responsibilities." Weiter hinten liegt ein Paket. Braunes Papier, ordentlich verschnürt. Stevenson zieht es heraus und legt es auf den Schreibtisch. In einer Ecke des Pakets hat L'Angelier etwas geschrieben.

Letters from M.S.

„This doesn't look like company correspondence", bemerkt Stevenson und macht sich am Knoten zu schaffen.

CHAPTER 3
FATAL ATTRACTION

Als Stevenson das Papier auseinander faltet, kommen zwei Stapel Briefe in eleganten Umschlägen aus teurem Papier zum Vorschein. Archie und Simon erkennen den Stil und die Handschrift sofort. „The mystery lady", stößt Archie überrascht hervor. „We've already found almost 200 letters from her, and this must be another 50!"

Stevenson kratzt sich am Kopf: „Why would he keep letters from his fiancée in his desk at work? Did he have a nosy landlady?" Archie schüttelt den Kopf. „No, I don't think Mrs Jenkins would have read his personal letters. She didn't strike me as overly curious." In diesem Moment ruft Simon erstaunt aus: „There's something else!"

Zwischen den Briefen spürt er etwas Dickeres, Härteres und zieht es heraus. „This is an ambrotype likeness!", ruft er überrascht aus. „This must be her!" Stevenson nickt. „Yes, I remember seeing them walking along Sauchiehall Street one day."

Alle betrachten das verglaste Bild nachdenklich. Der feine silberne Rahmen und der mit schwarzem Samt bezogene Rücken umranden das Bildnis einer sehr jungen Frau, eines Mädchens, von etwa 18 Jahren mit einem runden Gesicht und hellen Augen, die ernst und etwas abschätzig in die Kamera blicken. Aufrecht steht sie da, ein Ellenbogen ruht auf dem Fuß einer steinernen Säule, eine hochgeschlossene schwarze Jacke mit großen Kugelknöpfen zeichnet eine Figur nach, die durch die schmale Taille eines Korsetts und weite, ausladende Rockschöße definiert wird.

AMBROTYPE

Ambrotypes lösten für kurze Zeit die ab den 1840ern üblichen Daguerrotypien ab, bevor auch diese Technik von neuen Entwicklungen verdrängt wurde. Ambrotypien wurden wie Daguerrotypien auf Glas entwickelt, waren aber etwas günstiger in der Herstellung und hatten nicht die spiegelnde Oberfläche dieser Vorgänger. Genauso wie diese war aber auch hier jedes Bild ein unwiederbringliches Einzelstück – mehrere Abzüge einer Aufnahme erlaubten erst spätere Erfindungen.

WORTSCHATZ

nosy *neugierig*
landlady *Vermieterin*
to strike sb as sth *jdm als etw vorkommen*
overly *übermäßig*
ambrotype *Ambrotypie*
likeness *Abbild*

CHAPTER 3
FATAL ATTRACTION

Tea and Suspicions

Simon und Archie versprechen, das Bild und die Briefe zur Polizei zu bringen. Davor jedoch treffen sie sich mit Lady Agatha im Salon des Crown Hotels, wo gerade High Tea gereicht wird. Gebannt lauscht sie, während Simon die Ergebnisse der Obduktion darlegt – er tut das flüsternd, um den anderen Gästen nicht den Appetit und den Genuss der Musik zu verderben. Ein Pianist spielt leichte, heitere Melodien. „So, she's been trying to kill him for some time …", nickt sie schließlich und schiebt ihren Zwicker auf der Nase zurecht. „Why she?", fragt Archie überrascht. „We thought maybe her father, or a rival … ."

Agatha schüttelt den Kopf. „No, this is clear as day", erklärt sie bestimmt und erzählt von ihrem Gespräch mit Mrs Jenkins. „Here we've got a man who wants to marry a rich girl. She is attracted to him: he is exotic to her, not what her parents want for her at all – and that makes the romance even more irresistible. But then, as time goes by, things change. Maybe she wakes up to the fact that a life with a poorer man would not be a glorious adventure after all. Maybe her parents managed to convince her that she'd be better off with another man. No matter how it happened – the girl wanted to end the relationship, but …", Agatha macht eine dramatische Pause, bevor sie mit theatralisch gesenkter Stimme fortfährt: "… he wouldn't let her."

Kurze Stille, dann protestiert Archie: „How could he? If she wanted to end it, why didn't she just stop seeing him and writing to him?" Simon schüttelt den Kopf: „Now it all makes sense – that's why he kept these letters hidden. The opposite of white and another word for letters delivered by the post office: that's what he did to that girl!" Archie schaut seinen Freund irritiert an.

WORTSCHATZ

suspicion *Verdacht*
clear as day *glasklar*
attracted *angezogen*
exotic *exotisch*
irresistible *unwiderstehlich*
as time goes by *im Laufe der Zeit*
to wake up to the fact *es dämmert jmd*
glorious *herrlich*
to be better off *besser dran sein*
no matter how *egal wie*

 Was hat Mr L'Angelier seiner Geliebten angetan?

CHAPTER 3
FATAL ATTRACTION

Und tatsächlich ergibt jetzt alles einen Sinn. Das Mädchen auf dem Bild, die aufbewahrten intimen Geständnisse, der immer wieder geäußerte und bald zurückgezogene Wunsch, die Beziehung zu beenden. „He was blackmailing her! He must have threatened to show these letters to her father", vermutet Simon. Er zeigt Agatha das Porträt, und gemeinsam beugen sich die drei über den Stapel Briefe.

„You're right, she was trying to end it", meldet sich Archie nach einer Weile zu Wort:

> Altogether, I think that we had better, for the future, consider ourselves as strangers. I trust your honour as a gentleman that you will not reveal anything that may have passed between us. I shall be obliged if you bring me my letters and likeness on Thursday evening at seven. On Friday night, I shall send you all your letters, likeness, etc. I trust you may yet be happy, and meet someone more worthy of you than I.
>
> M.

WORTSCHATZ

to blackmail sb   *jmd erpressen*
to threaten   *drohen*
we had better   *es wäre besser, wenn wir*
to consider sb as sth   *jmd als etw ansehen*
honour   *Ehre*
to reveal   *aufdecken*
to pass   *hier: geschehen*
obliged   *hier: dankbar*
I trust   *hier: ich bin sicher*
worthy   *würdig*
investigation   *Ermittlung*

Plötzlich sehen alle drei auf, als sich zwei Männer dem Tisch nähern, ein stattlicher Herr mit einem gepflegten grauen Schnurrbart und ein deutlich kleinerer junger Mann mit dunklen Locken. Der große Mann entschuldigt sich für die Störung und beginnt dann, sich und seinen Begleiter vorzustellen. „My name is Auguste de Mean, from the French consulate. Mr Stevenson was kind enough to inform me that you are making investigations into Emile's death. He was a dear friend. This", er zeigt auf den jüngeren Mann, „is Amadée Thuau. He is a lodger at Mrs Jenkins'."

CHAPTER 3
FATAL ATTRACTION

Mr Thuau verbeugt sich förmlich. „He doesn't speak much English, I'm afraid", erklärt Monsieur de Mean, „but we both think we've got some interesting facts. First of all: Emile went to Bridge of Allan some days before his death. His doctor told him to go there to get better, but we both think ... or know – that he went there because he wanted to see a certain lady." „His fiancée?", fragt Agatha sogleich. „Yes, and no", antwortet Monsieur de Mean. „You see, the lady he loved, and whom he saw as his future wife, had gone to Bridge of Allan a couple of days earlier. She went with her family, but also with another man. Emile was so worried she would leave him for this man that he decided to go, too. When he arrived, the family had already left. He stayed at his hotel, when a letter from the lady arrived at Mrs Jenkins'. Monsieur Thuau forwarded it to Bridge of Allan." Monsieur de Mean erzählt ausführlich, dass der Brief, in dem die Angebete überraschend um ein Treffen bat, L'Angelier veranlasste, Hals über Kopf in den nächsten Zug nach Glasgow zu steigen. Es war die Nacht, die er nicht überleben sollte.

„So they had reconciled?", fragt Lady Agatha erstaunt und weist auf den Brief, der noch immer vor ihnen liegt und in dem L'Angeliers Angebetete die Beziehung für beendet erklärt. Er ist auf Januar datiert, jetzt ist es Ende März. „I don't think they really had", schüttelt de Mean den Kopf, „but they kept seeing each other anyway. He was stubborn, and he was infatuated. ‚Auguste, she'll be the death of me', he said at one time. Now, he's dead. And she is officially engaged to marry another." Agatha, Archie und Simon starren de Mean mit offenen Mündern an. „How do you know? Do you mean to say you know who she is?" „Oh, of course", nickt de Mean überrascht. „She's Madeleine Smith, the daughter of a wealthy architect who lives in Blythwood Square." Stumm vor Überraschung starren alle de Mean an. Damit hatte keiner gerechnet. Agatha hat sich als erste wieder gefangen und nickt: „A real socialite ... L'Angelier would hardly have been welcome as a son-in-law in

THE DEATH OF ME

„She'll be the death of me", vertraute L'Angelier den Gerichtsakten zufolge einem Freund an. Das ist normalerweise im übertragenen Sinne zu verstehen und entspricht dem deutschen *„Sie bringt mich noch ins Grab"*. Aus L'Angeliers Mund vielleicht eine düstere Vorahnung?

WORTSCHATZ

I'm afraid hier: fürchte ich
a certain lady eine bestimmte Dame
to reconcile sich versöhnen
mayhem Chaos, Durcheinander
stubborn stur
infatuated vernarrt
engaged verlobt
officially offiziell
wealthy wohlhabend
socialite Person des öffentlichen Lebens
son-in-law Schwiegersohn

CHAPTER 3
FATAL ATTRACTION

a family like that." "Yes", stimmt de Mean zu, "and as Emile was stupid enough to threaten to show her letters to her father, I am convinced that she murdered him. I have already informed the police. They will be at the Smiths' house in an hour. May we ask Dr Kelly to come along?"

WORTSCHATZ

No offence. *Nichts für ungut.*
engagement *Verlobung*
Frenchman *Franzose*

Als Simon mit de Mean am Haus der Smiths eintrifft, steht Inspector Ogilvy begleitet von ein paar uniformierten Polizisten bereits vor der Tür. Mrs Smith erleidet einen Ohnmachtsanfall, als sie erfährt, dass ihre Tochter des Mordes an ihrem Liebhaber verdächtigt wird. Sie seufzt laut auf, legt sich die Hand an die Stirn und sackt im Eingang zusammen. Erst ein Riechfläschchen und kräftiges Tätscheln der Wangen bringt sie wieder auf die Beine. Mr Smith hingegen ist außer sich vor Wut. "My daughter Madeleine is engaged to marry Mr William Minnoch. The engagement was made official last week while we were at Bridge of Allan. She had nothing more to do with this ... Frenchman." Er stockt, sein Blick fällt auf Monsieur de Mean. "No offence, Consul." Dieser nickt kurz. "He was from Jersey, and I'm afraid she still had quite a lot to do with him." Mit diesen Worten reicht er Smith einen Stapel Briefe. Smiths Gesicht wird abwechselnd blass und dunkelrot. Er lässt sich auf einen Stuhl fallen und flüstert: "Now we know why she disappeared. We haven't seen Madeleine since last night." Mit Erlaubnis der Smiths durchsuchen die Polizisten das ganze Haus, doch die junge Frau ist verschwunden. Schließlich kommt einer der Polizisten mit einem Notenblatt in der Hand und einem fragenden Ausdruck im Gesicht: "I found this in her room. Do you think it could mean something?"

CHAPTER 3
FATAL ATTRACTION

This time it was enough!
It contained the last three
parts of all the TEARS I cried,
the three middle parts of every
EVENING I suffered and ended
with COLDNESS without oldness.

...*did the job!*

👉 **Was gesteht Madeleine eingesetzt zu haben
und wieviele mg haben Mr L'Angelier umgebracht? Die mg-Menge gibt
auch die Seitenzahl des Kapitelendes an.**

WORTSCHATZ

to do the job *den Zweck erfüllen*

CHAPTER 3
FATAL ATTRACTION

CHAPTER 4

OPEN SEASON

CHAPTER 4
OPEN SEASON

A Letter to Agatha

Archie betrachtet seine Tante, Lady Agatha, aus dem Augenwinkel. Sie sitzen im Frühstückszimmer von Agathas elegantem Stadthaus in Edinburgh, in dem Archie seit wenigen Jahren ein paar Zimmer bewohnt. Agatha hat sich – für sie höchst untypisch – seit einigen Minuten nicht mehr bewegt. In der Hand hält sie einen Brief, doch sie scheint längst nicht mehr zu lesen. Irgendwann schiebt Archie sein Frühstücksgeschirr zur Seite und räuspert sich. „What is it? Is it bad news?"

Mit einem Ruck löst sich Agatha aus ihrer Erstarrung. „Yes …", sagt sie schließlich langsam und gedehnt. „This is a letter from an old friend of mine, a lady I went to boarding school with when we were girls. We've stayed in contact over the years – not much, but Christmas cards, christenings of her children, the occasional letter …"

„Has someone died?", fragt Archie vorsichtig, als Agatha abermals für längere Zeit verstummt. „Well, that's the thing", antwortet Agatha mit leiser Stimme. „Someone might have."

„Someone might have died?", fragt Archie verblüfft. „What do you mean?" Agatha schiebt Archie den Brief entgegen. „It's about her youngest son, Cecil. He went to Scotland with his tutor, but he should have been back home last week. He hasn't returned, and nobody is answering her letters."

> **BAD NEWS**
>
> Das Wort **news** sieht aus wie Plural, ist aber Singular. Das heißt, obwohl es mit einem Plural-s endet und mit *Nachrichten* übersetzt würde, ist es eine Einzahl. Also: **Is there any news?** Als Artikel kann vor **news** zwar **the** stehen (*die Nachrichten*), jedoch niemals **a**.

WORTSCHATZ

a friend of mine ein Freund / eine Freundin von mir
boarding school Internat
christening Taufe
occasional gelegentlich
that's the thing das ist es ja gerade
tutor Privatlehrer/in

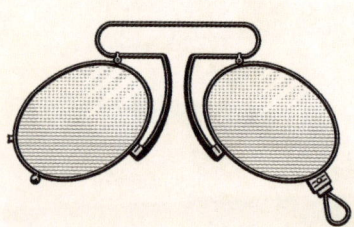

CHAPTER 4
OPEN SEASON

My Dear Friend,

I am writing to you in deep distress, as there is still no news of Cecil. I have written many times, to him and to Mr Monson with whom he went to Ardlamont House for the summer. Today I received a note from the gamekeeper. It says that „because of the tragic death, as you can imagine, nobody has been in the house for the last two days". The gamekeeper obviously thinks I know everything already, but I don't know anything! I am worried sick, and I'd be on my way to Scotland now, but my health is bad, and so is my husband's. Who is dead? Is it my dear beloved son? Or is it Mr Monson? Oh, if I only knew!

Agatha hakt ein: „My friend knows that we've had some experience with police cases. She's asking us to travel to Ardlamont Estate. It's rented under her son's name, so we can stay there as the family's guests and find out what happened to Cecil. What are your plans for the next couple of days?"

Während Archie schnellstmöglichst ein paar freie Tage am Institut für Anatomie, wo er inzwischen eine leitende Position eingenommen hat, organisiert, kümmert sich Agatha um eine Kutsche und Reisegepäck, und schon gegen Mittag sind die beiden auf dem Weg nach Argyllshire im Westen Schottlands auf der Halbinsel Cowal.

WORTSCHATZ

in deep distress *stark beunruhigt*
whom *hier: dem*
gamekeeper *Wildhüter/in*
tragic *tragisch*
worried sick *krank vor Sorge*
I'd be on my way *ich hätte mich auf den Weg gemacht*
beloved *geliebte/r/s*

CHAPTER 4
OPEN SEASON

A Night in Glasgow

Es wird schon dunkel, als Agatha und Archie in Glasgow eintreffen. Sie nehmen Zimmer im Crown Hotel, wo sie einige Jahre zuvor gewohnt hatten, als sie Simon beim Fall des vergifteten Pierre Emile L'Angelier unterstützten. „I'll see if I can get a hold of Simon", überlegt Archie und schickt einen Boten mit einer Nachricht an den alten Freund los, bevor er und Agatha zum Abendessen ins Restaurant des Hotels gehen. Auch Agatha schreibt noch eine Nachricht. Sie hofft, dass irgendjemand in Ardlamont House ihren Brief erhält. Schließlich wäre es gut, morgen nicht völlig unerwartet auf dem Landgut anzukommen.

Als der Kellner das Geschirr weggeräumt und Portwein serviert, zieht Archie ein Notizbuch aus der Tasche. „Tell me about your friend's son. Who is he?" Agatha nickt. „All right, let's organise what we know. This is about my friend's youngest son, he's 20. His name is Windsor Dudley Cecil Hambrough, but he goes by Cecil." „Sounds like nobility", unterbricht Archie interessiert. Agatha schüttelt den Kopf. „Not real nobility in that sense, no. But my friend married into a very prestigious family, the Hambroughs. John Hambrough, the family patriarch made his fortune in banking and bought the old Steephill Castle grounds on the Isle of Wight. There he built his own castle, quite beautiful, too."

„Beautiful is the right word", schaltet sich eine neue Stimme ein. „Lady Agatha, I'm enchanted to see you again." Agatha lächelt, während Archie aufsteht und seinem Freund Simon enthusiastisch die Hand schüttelt. „It's great you could come on such short notice!", ruft er begeistert und winkt den Kellner herbei, um Portwein und Käse zu bestellen.

> **STEEPHILL CASTLE**
>
> Steephill Castle war ein erhabenes, im historisierenden Stil erbautes Schloss, das in den Jahren seiner Existenz nicht nur Königin Victoria und Prinz Albert, sondern auch Kaiserin Sissi von Österreich zu seinen Gästen zählen durfte. Besuchen kann man es heute leider nicht mehr: Es wurde 1963 abgerissen.

WORTSCHATZ

to get a hold of sb *jdn erreichen*
to go by *genannt werden*
nobility *Adel*
in that sense *im eigentlichen Sinn*
to marry into *hineinheiraten*
prestigious *angesehen*
patriarch *Patriarch*
fortune *Vermögen*
banking *Bankgeschäft*
enchanted *bezaubert, begeistert*
on such short notice *so kurzfristig*

CHAPTER 4
OPEN SEASON

Angeregt tauschen die Freunde Neuigkeiten aus – über Agathas neueste Veröffentlichungen und natürlich über den Stand der rechtsmedizinischen Institute in Glasgow und Edinburgh, denen Simon und Archie jeweils angehören. „Is Henry Littlejohn as good as they all say?", will Archie wissen. „He definitely is", nickt Simon. „I'm learning so much from him." Agatha spitzt die Ohren. Auch sie hat schon viel über Henry Littlejohn gehört, der in der Rechtsmedizin von Glasgow vor allem durch wissenschaftliche Methoden Furore macht. „I'm also rather interested in Joseph Bell – is it true that he can take one look at you and tell you what your grandfather's profession was, what your shoe size is and what you had for breakfast?" Simon muss herzhaft lachen. „I'm not entirely sure he can do that", sagt er schließlich, „but I wouldn't be too surprised if he could!" Agatha hebt eine Augenbraue. „And I thought these were all just stories." Simon schüttelt den Kopf. „No, they're not just stories. His powers of observation and deduction are quite extraordinary. There is a funny story. He once had a patient. He looked at him and told his students that the man was a musician in a Highland regiment. The way he walked was typical of a piper, and he had the characteristics of a military man. The man shook his head and told Bell that he was actually a shoemaker. Bell was puzzled. How could he have been so wrong? After the students had gone, he went back to the man and told him to take his shirt off. And there, on his chest, was a tattoo, a small 'D'. „A ‚D' for deserter?", fragt Agatha überrascht. Simon nickt grinsend: „Yes, the man had lied about his profession, because he had indeed deserted his regiment – where he had been a piper."

TO GO BY

Englischsprachige Vornamen können kompliziert sein – nicht nur, wenn man drei davon hat wie Windsor Dudley Cecil ist es nötig anzumerken, welchen Vornamen man verwendet. Allein John hat etliche gebräuchliche Formen: „His name's John, but he goes by Jack". Did you know that King Charles' younger son is really named Henry? He always goes by Harry.

WORTSCHATZ

entirely *voll und ganz*
powers of observation *Beobachtungsgabe*
observation *Beobachtung*
deduction *Schlussfolgerung*
extraordinary *außergewöhnlich*
Highland regiment *Regiment aus den schottischen Highlands*
piper *Dudelsackspieler/in*
characteristics *Eigenschaften*
military man *Militärangehöriger*
shoemaker *Schuhmacher*
puzzled *verwirrt*
tattoo *Tätowierung*
deserter *Deserteur/in*
to desert *desertieren*

CHAPTER 4
OPEN SEASON

A Clyde Steamer Journey

Als Archie und Agatha am nächsten Morgen aufbrechen, haben sie mit Simon vereinbart, sich bald wiederzusehen. „**I hope in a personal and private capacity, not in a professional one**", waren Archies Worte zum Abschied gewesen, doch sicher ist er sich nicht. Er hat kein gutes Gefühl, was diese Reise betrifft. Was wird sie erwarten, wenn sie die geschäftigen, vor Menschen wimmelnden Straßen Glasgows hinter sich lassen und sich nach Westen, Richtung Argyllshire bewegen? Mit Schaudern muss er an die einsame Gegend denken, in der Agatha und er einst den Fall des ermordeten Hausierers untersucht hatten. Agatha hingegen ist blendend aufgelegt: „**We're travelling by steamer today**", sagt sie, während ein Kutscher zu Archies Überraschung das Gepäck an einem Schiffsanleger entlädt. „**Haven't you heard about the Clyde Steamers?**" Archie schüttelt den Kopf. Sein Interesse für technische Entwicklungen außerhalb der Pathologie hält sich in Grenzen, aber als er die komfortabel wirkenden Raddampfer sieht, die auch an diesem verhältnismäßig windstillen Tag zügig übers Wasser gleiten, erfüllt ihn eine gewisse Ehrfurcht. „**Magnificent!**", bemerkt er, während Agatha bereits auf dem Weg ist, um ihre Reise zu buchen. Als das Schiff die Stadt Glasgow verlässt, betrachtet Archie die urtümliche Uferlandschaft. Der Fluss wird breiter, am Ufer sind hübsche kleine Ortschaften mit Restaurants und Teestuben zu sehen. „**Since there have been steamers on the Clyde, the villages have grown. Lots of Glaswegians use them, just to have a day out.**" Archie nickt, das kann er sehen. Menschen im Sonntagsstaat bevölkern das Deck, angeregte Konversation überall. „**How long

> **FLUSSDAMPFER**
>
> Wäre es nach dem Willen der Admiralität gegangen, hätte es wohl keine Dampfschifffahrt gegeben. Als der Schotte Henry Bell mit Plänen für ein dampfbetriebenes Schiff vorstellig wurde, wie es auch schon James Watt in seiner Zeit als Instrumentenmacher an der Universität Glasgow angedacht hatte, fand er nur in Lord Nelson einen Fürsprecher. Alle weiteren Lords sahen keinerlei Vorteil in der Technik und verweigerten ihre Unterstützung.

WORTSCHATZ

capacity *Eigenschaft*
steamer *Dampfschiff*
Glaswegian *Bewohner/in von Glasgow*
a day out *Tagesausflug*

CHAPTER 4
OPEN SEASON

do we stay on this ship?", fragt er interessiert. Agatha konsultiert ein kleines Buch. „Just until the early afternoon. It rounds the Isle of Bute, and we'll arrive at Ardlamont in the evening." „The whole day?", seufzt Archie – denn so gut ihm die Landschaft gefällt, so wenig ist sein Magen mit der Bewegung des Wassers einverstanden. „Yes", bestätigt Agatha, „and you're lucky: before the steamers the same voyage would have taken three days – and at worst three weeks." Archie nickt und nimmt auf einer Bank Platz, als Agatha mit einem Mann in Uniform zusammenstößt. „I am so sorry, Madam", ruft dieser aus und bemüht sich, die lange dünne Dame vor dem Sturz zu bewahren, ohne ihr unziemlich nahe zu kommen. Agatha allerdings hat sich schon wieder gefangen und schenkt dem Mann ein gewinnendes Lächeln. „My fault", beruhigt sie ihn. „But since I have stopped you, maybe you can explain a couple of things to me ..." Archie runzelt die Stirn. Hat Agatha den jungen Mann absichtlich stolpern lassen? Er lauscht, als seine Tante den Mann, der sich als erster Offizier herausstellt, zur Funktion des Dampfschiffes befragt. „Funny", wirft er schließlich ein. „Just a week ago, a gentleman who was travelling to Ardlamont was as interested in technical details as you are ..." „What a coincidence!", ruft Agatha aus und klatscht in die Hände. „Maybe it was my friend ...", sie zieht den Satz in die Länge und ihr Plan geht auf. Wie gewünscht stimmt ihr Gesprächspartner ein: „Edward ..." „Edward MacPherson?", ruft sie eifrig. „No", schüttelt der Erste Offizier den Kopf. „It was Edward ... something ... And since you don't know him I can tell you that he didn't have any technical understanding at all, quite unlike you ... To make it unnecessarily long, you might call him as he saw himself: ‚sensational coordinator of the trip'." Dabei zwinkert der erste Offizier Agatha vielsagend zu.

GLASWEGIAN

Alles aus Glasgow ist Glaswegian: die Erfindungen, der Dialekt, die Einwohner. Und was einen richtigen **weegie** ausmacht: Er ist stolz darauf, einer zu sein.

WORTSCHATZ

to round umrunden
voyage Reise
since da
coincidence Zufall
technical understanding Technikverständnis
unlike anders als
unnecessarily unnötig
sensational großartig
coordinator Koordinator/in

 Wie hieß der Gentleman, der vor einer Woche mit dem ersten Offizier gesprochen hat?

**CHAPTER 4
OPEN SEASON**

Tighnabruaich

> **GH UND CH**
>
> Das gh ist in Wortmitte in der Regel stumm, so auch in Tighnabruaich. Im Alt- und teilweise noch im Mittelenglischen wurde gh wie ein deutsches ch ausgesprochen, um 1600 aber von der heutigen Aussprache abgelöst. In Schottland hielt sich der ch-Laut für gh länger und wird vereinzelt noch benutzt, vor allem bei Ortsnamen. In Wörtern wie **loch** wird das gehörte ch auch mit ch geschrieben, ebenso wie beim Ortsnamen Tighnabruaich.

Es wird bereits dunkel, als Archie und Agatha in Tighnabruaich an Land gehen. Agatha war immer noch in Gedanken, wer Mr. Scott sein könnte, als sie angesprochen wird: „I could take you to Ardlamont Bay, which is nearer to the estate", hat der erste Offizier angeboten, „but if there isn't anybody at the house, you'll be alone in the dark out there. There's a hotel in Tighnabruaich where you can stay for the night." Agatha hatte genickt. Ihr war auch nicht der Sinn danach gestanden, im Dunkel der Nacht auf einem verlassenen Landgut am Meer zu stehen. Tighnabruaich stellt sich als kleiner, aber malerischer Fischerort heraus. Das Tighnabruaich Royal Hotel ist leicht zu finden, und zu Agathas und Archies Erleichterung sind auch noch zwei Zimmer frei. „We're serving supper in the dining room in half an hour", erklärt die resolute Hotelinhaberin Mrs MacDougal, nachdem sie den beiden ihre Zimmer gezeigt hat. Agatha seufzt erleichtert: „That's exactly what I needed to hear."

Im gemütlichen Speisezimmer des Hotels knistert ein Feuer im offenen Kamin, als Archie und Agatha sich nach einer ausgiebigen Mahlzeit aus frischem Fisch und Kartoffeln gefolgt von einem feinen Birnenkompott bei einem Glas Sherry entspannen. „I was wondering when you would come over", spricht Agatha die junge Frau an, die zu ihnen an den Tisch kommt. „Oh", sagt sie und errötet. „Was it so obvious?" „Don't worry, Miss, and sit down", nickt Agatha und weist mit der Hand auf den Stuhl gegenüber. „I don't know", erwidert diese und tritt nervös von einem Bein auf das andere. „I work here. Mrs MacDougal won't like it. Can I talk to you, outside? Near the pier, in half an hour?" Agatha nickt und die junge Frau entschwindet Richtung Küche.

WORTSCHATZ

bay *Bucht*
estate *Anwesen*
to come over *herüberkommen*
pier *Pier, Landungsbrücke*

CHAPTER 4
OPEN SEASON

„Now that was intriguing", bemerkt sie. „Let's go for a walk."

Nach einem kleinen Spaziergang bei Mondlicht durch Tighnabruaich kommen die beiden zum Pier, wo sie schon von weitem die schmale Gestalt der jungen Frau sehen. „Oh good, you've come!", ruft diese aus, als sie sich nähern. Einen Moment lang schweigt sie, doch dann platzt es aus ihr heraus: „I've heard you're going to Ardlamont House." Agatha nickt abermals. „You see", erklärt die junge Frau aufgeregt, „my sister went there to work some weeks ago – and now I haven't heard from her for days. And I've been hearing rumours that something really bad has happened on the estate, but Dorothy isn't answering my messages. The postman said that yesterday nobody answered the door!"

Agatha ist jetzt sehr ernst. „That doesn't sound good. If it's all right with Mrs MacDougal, you can come with us tomorrow. We could use your services – and maybe we could help you." Mit Tränen in den Augen nickt die junge Frau. „I'm Elizabeth Baker, or just Beth. I'll speak to Mrs MacDougal and come with you tomorrow."

WORTSCHATZ

intriguing *faszinierend*
rumour *Gerücht*
to answer the door *die Tür öffnen*

BROOMIELAW, GLASGOW

CHAPTER 4
OPEN SEASON

Am nächsten Morgen machen sich Archie und Agatha begleitet von Beth und Mr MacDougal, der das Gepäck auf seine Kutsche geladen hat, auf den Weg nach Ardlamont House. „Be careful when you walk through these woods", erklärt Mr MacDougal, als er einen sandigen Waldweg entlangfährt. „It's open season, there might be shooters around." Auf Archies Blick hin schüttelt er den Kopf. „No, don't worry, we in our carriage are quite safe. Just don't walk through the dense brush in brown clothes – someone might take you for a deer." Archie nickt, aber ganz wohl ist ihm bei dem Gedanken, durch einen Wald zu fahren, in dem mit Gewehren geschossen wird, immer noch nicht. „Just a couple of days ago, someone was shot out there", fügt MacDougal hinzu. Agatha horcht auf. „Do you know who, and if he survived?" MacDougal schüttelt den Kopf: „No, one of the people who are staying at Ardlamont House, I suppose. Dr Macmillan, our local doctor, was here in Tighnabruaich, when the coachman of Ardlamont House came to get him. We haven't heard from the doctor since."

Agatha stutzt. Verschwinden hier etwa andauernd Leute? „Is that unusual?", fragt sie. „Oh no, not at all", kommt die Antwort, „the doctor takes care of a number of villages and houses – sometimes he isn't here for weeks if nobody gets him." Agatha atmet auf. Wenigstens scheint kein unmittelbarer Anlass zu Sorge zu bestehen. Ihre Erleichterung hält allerdings nicht lange an. „There have been rumours about a death, though", fährt MacDougal fort, als Agatha gerade denkt, er würde nichts mehr sagen. „Was someone shot by hunters?", fragt Archie, der immer noch mit sichtlichem Unwohlsein ins dichte Blätterwerk um ihn herum starrt. „No, he shot himself, they say", winkt MacDougal beruhigend ab. „Suicide?", ruft Agatha erstaunt aus. Wieder Kopfschütteln. „No, a stupid accident, that's at least what I've heard."

> **OPEN SEASON**
>
> **Open season** bezeichnet die Jagdsaison. Als **hunting** wird die Jagd mit Hunden (Treibjagd) bezeichnet, sonst spricht man von **shooting**.

WORTSCHATZ

shooter *Schütze, Schützin*
carriage *Kutsche*
dense brush *dichtes Unterholz*
to take sb for sth *jdn für etw halten*
deer *Hirsch*
to survive *überleben*
coachman *Kutscher*
to get sb *jdn rufen, holen*
though *jedoch*
hunter *Jäger/in*
suicide *Suizid*

CHAPTER 4
OPEN SEASON

„Anyway, we're here", erklärt MacDougal und nimmt eine scharfe Biegung nach rechts. Unmittelbar weicht der dichte Wald dem Blick auf ein riesiges Parkgelände, an dessen Ende ein stattliches Haus mit zwei symmetrisch angeordneten Nebengebäuden liegt. „**The house has been for sale for some time now**", erklärt MacDougal, während er an einem kleinen Teich vorbei darauf zufährt. „**The gentlemen from England have rented it for the season. People are also saying they're planning to buy it.**"

Die Räder knirschen, als der Wagen auf dem kiesbestreuten Vorplatz des Anwesens zum stehen kommt. „**A nice Georgian house**", bemerkt Agatha mit Blick auf die Fassade, in deren Mitte eine zwölfstufige Treppe zum Eingangsportal hinaufführt. „**Let's see if anybody's here.**" „**So far no-one has come out to greet us**", flüstert Beth mit ängstlicher Stimme. „**That doesn't seem right.**" „**We need to find a way to get in**", sagt Archie und blickt sich suchend um. Dabei fällt sein Blick auf ein Schild an der Hauswand.

GEORGIAN STYLE

Unter georgianischem Stil versteht man die englische Ausprägung einer neo-klassizistischen Stilrichtung, die zwischen 1720 und circa 1840 auf den englischen Barock folgte, für den beispielsweist Sir Christopher Wren stand. Typisch für **Georgian architecture** ist eine klare, symmetrische Gliederung, oft durch Backsteinflächen und weiß abgesetzte Ornamente.

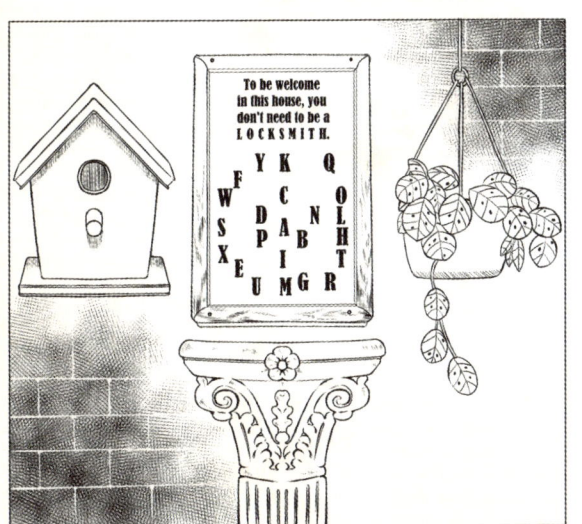

WORTSCHATZ

for sale *zu verkaufen*
so far *bisher*
locksmith *Schlosser/in*

☞ Wo ist der Schlüssel zum Haus versteckt?

CHAPTER 4
OPEN SEASON

Mysteries of Ardlamont

Der Schlüssel, den sie im Vogelhäuschen gefunden haben, passt, die Tür schwingt auf, und alle stehen in der Eingangshalle eines wirklich eleganten Landhauses. In der Mitte der Halle führt eine Treppe ins obere Stockwerk, wobei sie sich im oberen Drittel symmetrisch nach links und rechts teilt. Eine schmiedeeiserne Balustrade begrenzt die Galerie, von der aus man von oben die Halle überblicken kann. „Hello!", ruft Archie mit lauter Stimme. „Hello? Is there anybody here?" Unheimliche Stille schlägt ihnen entgegen. Eine große Vase Gladiolen steht auf einem kleinen Tisch unterhalb der Treppe. „Oh dear!", ruft Beth aus. „Nobody has been here for at least three days!" „Why do you think that?", fragt Archie erstaunt. Beth deutet auf die Blumen. „Look at the flowers. Do you smell that? Any good servant would have changed their water!" Archie kann nichts riechen, doch er nickt. Auch ihm kommt das Haus auf seltsame Weise verlassen vor – so, als wären die Bewohner einfach von einem Ausflug nicht zurückgekommen. „Let's search the house for clues", entscheidet Agatha und beginnt, sich umzusehen.

Das Haus ist gepflegt und in einem guten Zustand, doch über allem scheint ein unheilvoller Schatten zu liegen. Agatha betrachtet Gemälde an der Wand der Eingangshalle – die ehemaligen Besitzer, wie es aussieht. „Now, if you could talk ...", raunt sie ihnen mit gerunzelter Stirn zu und öffnet eine Schublade in einem Schränkchen unter den Gemälden. Kerzen, eine Dochtschere. Sie schiebt die Schublade wieder zu.

„You were right about the time", ruft Archie aus dem Esszimmer. „There are newspapers on the table – they're all from three days ago!" Agatha betritt das Zimmer ebenfalls. „Someone has cleaned guns here", verkündet sie und schnüffelt. „Guns that have been fired." „You can smell that?", fragt Archie beeindruckt. „A bit", gibt Agatha zu, „but there's

> **ARDLAMONT**
>
> Wer Lust hat, einmal am Ort des Geschehens zu übernachten, kann das heutzutage tun: Ardlamont House ist als Feriendomizil zu mieten – bis zu 20 Personen kommen dort unter. Ganz billig ist das natürlich nicht, dafür ist das Haus noch immer in recht gutem Zustand.

WORTSCHATZ

oh dear ohje
servant Bedienstete/r
to search the house das Haus durchsuchen
clue Hinweis
to fire abfeuern

CHAPTER 4
OPEN SEASON

also a small brass brush and a rifle cleaning rod here, and here's oil like that you use for guns. This dirt here looks like it comes from a gun, too. Some gun powder residue, I would say ..." „Oh dear", ist Beths ängstliche Stimme zu vernehmen.

Die Stimmung ist gedrückt, als die drei nach oben gehen, und schon im ersten Raum auf der linken Seite wartet ein schrecklicher Anblick auf sie: Das Bett in dem Schlafzimmer ist ungemacht, das Laken und vor allem das Kopfkissen sind blutig. Agatha hält den Atem an. „I need to know if this is Cecil's room", flüstert sie bedrückt. Leider genügt ein kurzer Blick auf den Schreibtisch, um die schlimme Vermutung zu bestätigen. Ein Briefumschlag, der an Cecil adressiert ist, liegt neben dem Tintenfass. Der Brief, der sich darin befunden haben muss, ist allerdings nicht zu sehen. Agathas Augen füllen sich mit Tränen, seufzend stützt sie sich mit einer Hand am Kaminsims ab. Dann ist der Moment auch schon vorüber, und ihr Blick klärt sich wieder. Wenn hier etwas Schlimmes passiert ist – und es deutet ja alles darauf hin – dann muss man alles darüber herausfinden. Wo ist Cecil? Was ist geschehen? Agathas Augen bleiben an einem Stückchen Papier in der kalten Asche hängen. Vorsichtig nimmt sie es heraus und legt es auf den Schreibtisch:

„Sounds like his father wanted him to come home", kombiniert Agatha. „But why? What was wrong?"

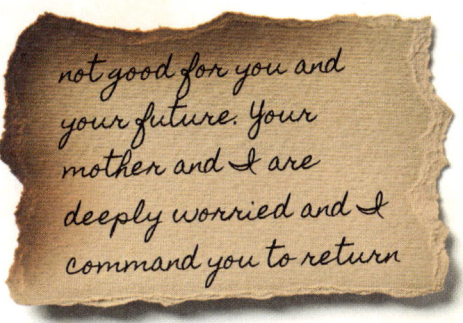

Als Agatha, Beth und Archie gemeinsam Cecils Zimmer weiter durchsuchen, erfahren sie nach und nach immer mehr über das Leben und die Persönlichkeit des jungen Mannes, auf dessen Spur sie sind. „He liked to be outside", stellt Archie fest. „He's got a lot of well-used clothes for outdoor activities, and all the things you would need for them." In den Schubladen finden sich reichlich Jagdutensilien und Angelzubehör, aber auch feine Abendgarderobe.

WORTSCHATZ

brass brush *Drahtbürste*
rifle cleaning rod *Gewehrputzstock*
gun powder residue *Schießpulverrückstand*
deeply worried *sehr besorgt*
to command sb to to sth *jdm befehlen etw zu tun*
well-used *vielbenutzt*

CHAPTER 4
OPEN SEASON

MILITÄRKARRIERE

Für Angehörige der Oberschicht war eine Berufstätigkeit nicht erstrebenswert. Der Adel lebte häufig hauptsächlich von seinen Ländereien und beschäftigte sich mit der Verwaltung derselben. Wer dazugehören wollte, passte sich dem an. Für Söhne der Oberschicht standen in der Regel nur Karrieren in Militär, Kirche oder Politik zur Auswahl, allenfalls noch Rechtswissenschaften. Der Auftrag eines Tutors wie Alfred Monson war weniger schulische Bildung, als einen jungen Mann an eine militärische Lebensweise und Grundeinstellung heranzuführen und ihm ein entsprechendes Netzwerk zu eröffnen.

WORTSCHATZ

the good life *ein sorgenfreies Leben*
quite the country gentleman *ganz der Gentleman vom Lande*
leisure pursuits *Freizeitvergnügen*
relating to *bezüglich*
investor *Investor/in*
all but bankrupt *so gut wie bankrott*
inheritance *Erbe*
military career *Militärkarriere*
to hire sb *jdn anstellen*
the military type *der Typ fürs Militär*

„Looks like he was living the good life", kommentiert Archie. „Quite the country gentleman – all leisure pursuits. Nothing relating to any academic or professional interest …". Agatha runzelt die Stirn. „That's strange."

„Why is it strange?", fragt Archie überrascht. „Didn't you say he came from a prestigious family, and that his grandfather had made a fortune and even built a castle?" Agatha seufzt. „Yes, the grandfather was very rich, but Cecil's father, my friend's husband, is not a very good investor. He has lost a lot of money in recent years, and the family is all but bankrupt." So gut sie kann, erklärt sie Archie die schwierigen finanziellen Verhältnisse der Familie, die komplett von einem Finanzier verwaltet werden. Vom Schloss, das der Großvater einst baute, ist ihnen nur noch ein Wohnrecht geblieben, die Immobilie gehört ihnen längst nicht mehr. „On his 21st birthday, Cecil would have received a big inheritance. His father wanted him to have a military career, that's why he hired Alfred Monson as a tutor for him. I don't think Cecil was the military type …", schließt sie, und sieht sich noch einmal in dem Raum um, in dem ganz offensichtlich jemand wohnte, der sorglose Vergnügungen einer rigiden Militärexistenz vorzog.

**CHAPTER 4
OPEN SEASON**

„Oh, thank God!", ertönt ein Schrei aus dem unteren Stockwerk. Überrascht treten Agatha und Archie an die Balustrade vor dem Schlafzimmer und sehen, wie Beth aus der Küche gerannt kommt, triumphierend ein Stück Papier vor sich herwedelnd. „My sister's gone to Glasgow with Mrs Monson and the children!", ruft sie herauf. „Come down, I'll make some tea."

Als Archie und Agatha der Einladung nachkommen, legt ihnen Beth den Zettel vor, den sie gefunden hat. „It's my sister's handwriting, I am sure", erklärt diese aufgeregt.

> Steamer, 7am, Ardlamont Bay for Glasgow
> Green dress for Mrs Monson
> prepare sandwiches for the children

Agatha lächelt. „Well, that's good news." Archie nickt. „True, but it still doesn't explain what happened to Cecil. There's blood on his bed, but there isn't a body." Beth hebt den Kopf. „I found a map of the estate in the hall. Follow me." Erstaunt setzen die beiden die Teetassen ab und folgen der nun wieder zuversichtlichen und energiegeladenen Beth. „If I had to store a dead body in the summer, now where would I put it? Come on! If we think of a circle where the little forest is 12 and the main house is 6, we definitely have to look for the body at number 3!" Bei ihren Ausführungen tippt sie immer wieder auf die Karte des Grundstücks.

WORTSCHATZ

to store sth *etw lagern*

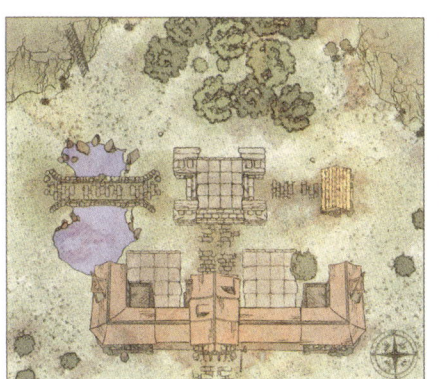

Wo sollen sie nach der Leiche suchen?

CHAPTER 4
OPEN SEASON

The Ice House

Die Tür des Eishauses ist nur angelehnt. Archie stöhnt auf. „I guess we've found him. I know that smell ..." Er öffnet die Tür weiter, wobei sich ein kleines Holzstück löst, das sich unter der Tür verkeilt hatte, und geht die Treppe hinab, die in einen runden Raum mit einem Abfluss in der Mitte des Bodens führt. Reste von Eisblöcken tauen vor sich hin, auf einem Brett liegt eine menschliche Gestalt. „Oh no, that must be Cecil!", flüstert Agatha und folgt Archie hinunter. „You shouldn't be in there!", donnert plötzlich eine raue Stimme von oben aus dem Garten. Agatha dreht sich um und sieht neben der sichtlich erschrockenen Beth einen alten Mann mit buschigen Augenbrauen und einer Mistgabel stehen. Beth gibt einen erstickten Schrei von sich. Schnell geht Agatha nach oben, ihre Finger suchen das Taschenmesser in ihrer Tasche.

Aus der Nähe sieht der Mann zum Glück gar nicht so furchterregend aus. „I didn't want to startle you, Madam, I'm sorry", sagt er und lehnt die Mistgabel an eine Hecke. „My name's Archibald Whyte, I'm the gardener here." Agatha atmet auf und beginnt, sich und die anderen beiden vorzustellen.

Nachdem alle Identitäten geklärt sind, führt der Gärtner die Besucher in seine Küche und setzt Tee auf. Er wohnt in einem der beiden Seitengebäude, die zu Ardlamont House gehören. „They say it was an accident, but I'm sure it wasn't", erklärt er mit knarzender Stimme, während er Milch in ein ramponiertes Milchkännchen füllt und eine rustikale Zuckerdose auf den Tisch schiebt. Agatha blickt ihn aufmunternd an. „Tell us what you think", ermuntert sie ihn. „Mr Monson wanted to go hunting with Mr Hambrough and Mr Scott, a friend of his. I was in the garden that morning with Mr Lamont, the gamekeeper. George, that's Mr Lamont, was annoyed, because they

> **ICE HOUSES**
>
> Ice houses *Eishäuser* waren eine Annehmlichkeit, die viele Land- und Herrenhäuser auf den britischen Inseln hatten – einige sind bis heute erhalten. In Zeiten, wo es noch keine Kühl- und Gefrierschränke gab, wurden in diesen Kellern, die oft im Garten zu finden waren und über einen Abfluss im Boden verfügten, im Winter Eisblöcke eingelagert, die über den Sommer Kühlung für feine Speisen boten.

WORTSCHATZ

to startle sb *jdn erschrecken*
gardener *Gärtner/in*

CHAPTER 4
OPEN SEASON

didn't want him to join them. It's his job to be present at a hunt, and he takes that very seriously. But then, he said, they were late with his pay, and so he stayed in the garden with me. We saw young Hambrough shoot a rabbit, which he gave to Mr Scott, the engineer. Scott didn't carry a gun, he was there to collect what they shot. We saw them split up – Hambrough went left, the other two went right. Then, only a short time later, I was with Carmichael, the coachman, when Scott and Monson came to us. They said Hambrough had shot himself in the head when he tried to climb over a fence, and we should go and get him to the house. We brought him to his room: he was alive, but barely. Carmichael went to get the doctor from Tighnabruaich. Hambrough was dead before the doctor arrived." Der Gärtner gießt Tee aus einer großen Kanne in vier Tassen. „The doctor signed the death certificate, and Monson and Scott sat down and cleaned the guns." Er runzelt die Stirn. „You know, I'm all for keeping your gun clean and all that – but just an hour after a death, it seemed rather callous to me …" Agatha nickt, als Whyte in seiner Erzählung fortfährt: „Anyway, the two men left, and I carried the young man to the ice house. I don't know who's going to pick him up for the funeral, but you can't keep a body in the house, especially not in August." „Good thinking", stimmt Archie zu. „Mr Hambrough's not going to a funeral home yet, though. I'll have him sent to Glasgow anatomy first."

Archibald Whyte stapft los, um Carmichael zu beauftragen, den Leichentransport zu organisieren. Derweil machen sich Archie und Agatha auf, im Haus nach Bettlaken und großen Tüchern zu suchen, die sich für den Transport nutzen lassen. Als Agatha eine Tür öffnet, findet sie sich in einem Gästezimmer wieder. „This must be Mr Scott's, the engineer's room", überlegt sie. Im Schrank findet sie Bettzeug, das sie an sich nimmt, als ihr Blick an einem Buch auf dem Schreibtisch hängen bleibt. „Basics of Engineering" ist der Titel. Sie runzelt die Stirn und trägt die Tücher zum Eishaus.

WORTSCHATZ

to be present *anwesend sein*
hunt *Jagd*
to take sth seriously *etw ernst nehmen*
but then *andererseits*
pay *Bezahlung*
to carry a gun *eine Waffe tragen*
to split up *sich aufteilen*
fence *Zaun*
barely *kaum*
death certificate *Sterbeurkunde*
to be all for sth *etw befürworten*
callous *abgebrüht*
funeral *Beerdigung*
funeral home *Bestattungsinstitut*
anatomy *hier: anatomisches Institut*
engineer *Ingenieur/in*
basics *Grundlagen*
engineering *Ingenieurskunst*

CHAPTER 4
OPEN SEASON

Gerade als Agatha das Haus verlassen will, kommt Carmichael auf den Hof gefahren. „Madam, the procurator fiscal wants to see you!", ruft er ihr zu. „In Glasgow?", fragt diese erstaunt zurück. „No", schüttelt Carmichael den Kopf. „He's set up his office in the smoking room of the Royal Hotel in Tighnabruaich. I'll take you there." Agatha nickt. Kurz spricht sie mit Archie, der sich im Eishaus die Schusswunde ansieht, und schon ist sie unterwegs nach Tighnabruaich.

> **PROCURATOR FISCAL**
>
> Der **procurator fiscal** hat in Schottland die Funktion eines Staatsanwalts und führte früher auch teilweise die Ermittlungen zur Todesursache durch, was in England Sache des **coroners** war.

Sofort wird klar, warum John Campbell M'Lullich, der Procurator Fiscal, sein Hauptquartier im Rauchersalon des Royal Hotel Tighnabruaich eröffnet hat: Schwadenweise blauer Dunst schlägt Agatha entgegen, als sie die Tür öffnet. M'Lullich protestiert zu Agathas großer Erleichterung nicht, als sie im Vorübergehen das Fenster öffnet. Das verbessert die Situation ein wenig, doch als M'Lullich zu sprechen beginnt, sind schlagartig alle Gedanken an dicke Luft aus Agathas Kopf verbannt.

„You are here on behalf of the Hambrough family, I understand?", fragt der großgewachsene grauhaarige Mann. Als Agatha nickt, kommt eine weitere überraschende Frage: „Do you know if Cecil's family had taken out any life insurance policies on him?" Agatha schüttelt den Kopf: „No, why would they? I mean, I don't know, but …" Der Procurator Fiscal winkt ab. „I didn't think so, but this morning, I had two visitors. Two gentlemen from the Mutual Life Insurance Company of New York."

Agatha reißt die Augen auf. „You think the parents …", stammelt sie fassungslos. „No", schüttelt M'Lullich den Kopf. „I'm sure the parents knew nothing about it." Dann erklärt er, was ihm die Versicherungsangestellten mitgeteilt haben: „Cecil's life was insured for the sum of £20,000." „Who is the beneficiary?", ruft Agatha erstaunt aus. Die Antwort vergrößert ihr Erstaunen abermals: „Mrs Agnes Monson."

Agatha muss gar nicht erst nach dem Warum fragen, M'Lullich hat die Frage augenscheinlich vorhergesehen. „You know that Mr Hambrough lived with the Monson family

WORTSCHATZ

to set up one's office sich ein Büro einrichten
smoking room Rauchersalon
on behalf of im Namen von
to take out insurance eine Versicherung abschließen
life insurance policy Lebensversicherung
insurance company Versicherungsunternehmen
to insure versichern
sum Summe
beneficiary Begünstigte/r

to receive an education, don't you?" Agatha nickt. "It was paid for by the family, wasn't it?", fragt sie nachdenklich, doch M'Lullich verneint. "Major Hambrough, Cecil's father, was very disappointed with Mr Monson and had stopped paying him some time ago. So the Monsons wanted to get their money from Cecil directly – he was going to inherit £200,000 on his 21st birthday." Gebannt hört Agatha zu, wie M'Lullich erklärt, dass die Monsons versucht hatten, mit Cecil eine finanzielle Zusammenarbeit nach seinem 21. Geburtstag einzufädeln, bei der sie von seinem Vermögen hätten profitieren können. Und noch mehr: "I have already heard from several insurance companies where they tried to insure Cecil's life but were refused. But then they seem to have found an insurance broker who allowed Cecil to take out an insurance worth £20,000 in the name of Monson's wife." Agatha zieht die Augenbrauen hoch. "And you find this suspicious?", will sie wissen. "Yes, the contract was signed only a fortnight ago."

Am nächsten Morgen beim Frühstück – Agatha und Archie haben sich mit Beths Hilfe in Ardlamont einquartiert – gehen die beiden durch, was sie erfahren haben. "So, Monson killed Cecil to collect the insurance money ...", Archie schüttelt den Kopf. "Imagine the greed." "And he tried to make it look like an accident. That's why he had an accomplice, Scott, as a witness with him." "Scott, who definitely isn't an engineer", fügt Agatha hinzu und denkt an ihr Gespräch mit dem ersten Offizier und das Buch, das sie in seinem Zimmer gefunden hat. "Scott is really Edward Davies, a bookmaker from London, also known as Long Ted", kommt die Stimme des Procurator Fiscal von der Tür. Er tritt an den Tisch heran: "I have brought you some papers from Glasgow." Nachdem Archie

LIFE INSURANCE

Seit 1774 mussten Antragsteller im Vereinigten Königreich hinreichend darlegen, dass sie ein berechtigtes Interesse am Überleben einer Person hatten, um eine Lebensversicherung abschließen zu können. Überraschenderweise war der Auslöser für die Gesetzgebung nicht etwa die Gefahr, dass Leute für die Versicherungssumme morden könnten, sondern etwas ganz anderes: Es war in Mode gekommen, auf bekannte Persönlichkeiten mittels Lebensversicherung zu "wetten" – und dieser despektierlichen Praxis sollte ein Riegel vorgeschoben werden.

WORTSCHATZ

to inherit erben
insurance broker Versicherungsmakler/in
suspicious verdächtig
a fortnight zwei Wochen
to collect hier: einstreichen
accomplice Komplize, Komplizin
witness Zeuge, Zeugin
greed Gier
bookmaker Buchmacher/in

CHAPTER 4
OPEN SEASON

TWO SHERLOCKS

Joseph Bell und Henry Littlejohn teilten nicht nur viele Fähigkeiten und Eigenschaften mit dem Prototyp des literarischen Detektivs, den Arthur Conan Doyle am Ende des 19. Jahrhunderts erschuf – sie waren tatsächlich die Vorlage für ihn. Conan Doyle arbeitete als Medizinstudent, später als Assistent für die beiden und brachte seine Bewunderung oft zum Ausdruck. Seine Holmes-Geschichten begann er später zu schreiben, als er – als niedergelassener Arzt – in seiner Praxis auf Patienten wartete.

die Unterlagen eine Weile studiert hat, wendet er sich sichtlich beeindruckt an Agatha und M'Lullich: „Bell and Littlejohn have worked miracles. Just by looking at the skull they can prove that Cecil did not shoot himself – could not have. The shot came from about six feet away!" M'Lullich schaut skeptisch. „They sound like Sherlock Holmes." Archie lacht. „In a way, they are Sherlock Holmes. And they offer to come to Ardlamont to find more proof for the case ... if we can guarantee them that we have already done some work. Here's what they want to know: the exact charge and a piece of evidence." „No problem!", entgegnet Agatha und notiert in ihrer einzigartig selbstbewussten Art schnell einige Dinge auf einem Zettel.

WORTSCHATZ

to work miracles *wahre Wunder vollbringen*
skull *Schädel*
shot *Schuss*
six feet *sechs Fuß (= knapp zwei Meter)*
in a way *auf gewisse Art*
proof *Beweis*
to guarantee *garantieren*
charge *Anschuldigung, Anklage*
piece of evidence *Beweisstück*
motive *Motiv*
note *Banknote*
yearly *jährlich*

Motive for murder: he killed for "many original notes earned yearly"!
Evidence: insurance number
1-3-DANGER

```
      O
    E J R
  K V B X H
  Z G I   U
    C M P W N
      D Y R A L
        Q F T
```

☞ Wie lautet das Mordmotiv und welche Nummer hat der Versicherungsschein, der als Beweismittel dienen soll? Die Nummer des Versicherungsschein gibt auch die Seitenzahl des Kapitelfinales an.

CHAPTER 5

THE CROCODILE

CHAPTER 5
THE CROCODILE

An Anonymous Letter

„This is for you" – mit diesen Worten überreicht Lady Agatha einem völlig überraschten Simon ein großes Paket mit Plum Pudding. „You must try it – I've made it myself!" Archie grinst. „My dear aunt has taken up cooking." Agatha drückt Simon das Paket energisch in die Hände. „No need to be afraid – I'm quite good at it", stellt sie entschieden fest. Simon muss lachen und bittet die beiden herein. „Who are you?" ruft ein kleines Mädchen und rennt so nah um Agatha herum, dass sie ihr beinahe auf den Rocksaum tritt. „Maddie, this is Lady Agatha", beginnt Simon zu erklären, als Maddie einen begeisterten Juchzer ausstößt. „You're the one with the scary stories, aren't you?" Auf Simons fragenden Blick gibt der kleine Wirbelwind zu: „I found them on your bookshelf. And you always say reading is good for me ..." „Well", Simon zuckt mit den Schultern und führt seine Gäste ins Esszimmer. „Now you've met my daughter. Let me introduce you to my wife, Esther."

Esther ist eine freundliche Frau mit einem ruhigen Lächeln, in deren Gegenwart sich Archie und Agatha sofort wohl fühlen. „She's a good match for Simon", flüstert Agatha, sobald beide außer Hörweite sind. Archie nickt zustimmend. Das Gefühl hat er auch.

Das Abendessen in Simons und Esthers Wohnung in Glasgow verläuft äußerst angenehm – die Freunde freuen sich über das Wiedersehen, und Esther genießt es sichtlich, Archie und Agatha, von denen sie schon viel gehört hat, endlich auch persönlich kennen

---

PLUM PUDDING

Pudding bezeichnet in Großbritannien keine süße Milchspeise, sondern eine weiche, in der Form gekochte Masse, die aus Brot, Fleisch oder Gemüse oder eben wie beim Plum Pudding aus Fett, Nüssen und Trockenfrüchten hergestellt wird.

TAKE UP

Viele Verben des Englischen sind Phrasal Verbs, bei denen ein Partikel die Bedeutung bestimmt. **Take on, take over, take in, take up** ... alle Kombinationen stehen für unterschiedliche Bedeutungen. **Take up** kann mehreres heißen, hier steht es für *etwas anfangen* oder auch *etwas als Hobby beginnen*.

WORTSCHATZ

crocodile *Krokodil*
anonymous *anonym*
to be a good match *gut zusammenpassen*

CHAPTER 5
THE CROCODILE

zu lernen. Maddie ist ganz offensichtlich von Agatha fasziniert. „You know, I write stories, too!", erklärt sie stolz. „That's wonderful", lobt Agatha das Mädchen. „You must tell me one of your stories." „Tomorrow", unterricht Esther. „It's time for bed now." Maddie wirft Agatha einen enttäuschten Blick zu, folgt dann aber ihrer Mutter ohne Proteste.

Simon atmet auf. „Now that Maddie's gone, I can tell you why I asked you to come." Er steht auf und nimmt einen Umschlag von einer Kommode. „Glasgow Police received this letter yesterday. And since it mentions a death – or possibly two – they gave it to us." Simon arbeitet nun schon seit Jahren in der Gerichtsmedizin Glasgow, die eine der fortschrittlichsten Einrichtungen Europas ist. „Professor Littlejohn would probably know what to do or what to think – but he's at a conference in France", seufzt er. „I have no idea where to start looking. The anonymous writer mentions asking someone. But I can't make sense of these symbols."

> **FOOL ME ONCE**
>
> Fool me once, shame on you.
> Fool me twice, shame on me!
> Dieses bekannte englische Sprichwort bedeutet: *Wer zweimal auf den gleichen Trick reinfällt, ist selbst schuld.*

WORTSCHATZ

anonymous *anonym*
to make sense of sth *hier: etw entschlüsseln*
to fool sb *jdn hinters Licht führen*
twice *zwei Mal*
shame on you *schäm dich*
to spot sth *etw entdecken*

> Sir,
> Fool me once – shame on you. Fool me twice …
> You catch many criminals and you discover many crimes, but I know of two you haven't spotted. One woman was old, so nobody looked twice. The second woman died. Why didn't anybody look twice this time? You know where to look!
>
> Ask the [symbols]

Wen sollte man laut des anonymen Verfassers näher befragen?

CHAPTER 5
THE CROCODILE

The Pritchard Household

Agatha hat schnell erkannt, dass die Polizei dem Brief zufolge einen Doktor näher befragen soll. Als sie ihre Erkenntnis mitteilt, verändert sich Simons Gesicht: „I know about the woman who died! She's the wife of a prominent doctor, the obituary was in the newspaper only a week or so ago." Er geht zu einer Kommode neben dem Kamin, auf der mehrere Zeitungen liegen, und sucht eine heraus. Er schlägt sie auf. „Here it is!", ruft er schließlich.

> **OBITUARY**
>
> **Obituary** steht sowohl für *Todesanzeige* als auch für den *Nachruf*. Das Wort kommt aus dem Lateinischen und geht auf obitus (*Dahinscheiden, Untergang*) zurück. Im 19. Jahrhundert gab, wer es sich leisten konnte, eine Zeitungsannonce auf, um die Umgebung über einen Todesfall zu informieren.

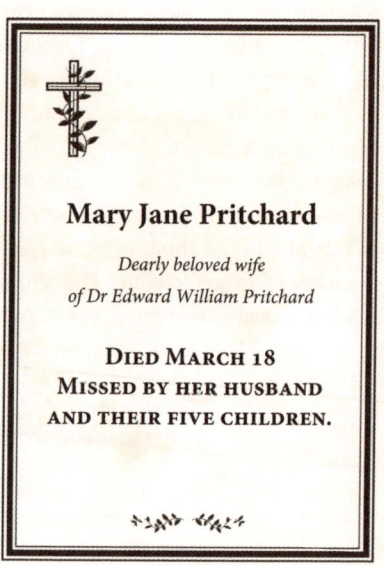

Mary Jane Pritchard

Dearly beloved wife of Dr Edward William Pritchard

DIED MARCH 18
MISSED BY HER HUSBAND
AND THEIR FIVE CHILDREN.

WORTSCHATZ

prominent bekannt
obituary Todesanzeige; Nachruf
dearly beloved sehr geliebt
tragic tragisch
widower Witwer
assistance Hilfe, Unterstützung

„Oh the poor family!", ruft Agatha aus. „Five children, and the mother dies. That's tragic!" „If the letter's right", fügt Simon stirnrunzelnd hinzu, „it's not only tragic. It's murder!" „Interesting", sinniert Agatha. „We need to find out more." „How could we do that?", fragt Archie erstaunt. „Oh, that isn't hard", lächelt Agatha. „A widower with five children will always need some assistance …"

CHAPTER 5
THE CROCODILE

Eine kurze Rundfrage ergibt, dass die Köchin der Kellys mit der Köchin der Pritchards gut bekannt ist. Mrs Anderson gibt bereitwillig Auskunft: „My friend Catherine Lattimer cooks for the Pritchards. She hasn't been here for the last three weeks, though, she went to her mother who's very ill. They've got another cook now, but I hear she is a bit overwhelmed as she hasn't worked in a bigger household before." „Is it a very big household?", will Agatha gleich wissen. „Oh no", meint Mrs Anderson, „not too big. There's the Pritchards – well, only the doctor and his children now – and three lodgers – or maybe only two at the moment – and one maid. I wouldn't call that a big household … oh, and the eldest daughter lives in Edinburgh with the grandparents."

Agatha grinst in sich hinein. Es ist doch immer wieder erstaunlich, wie viel das Personal – und damit die Freunde des Personals und somit die halbe Stadt – über einen Haushalt weiß. „You're planning something, aren't you?" Simon betrachtet Agatha mit halbgeschlossenen Augen, während er seine Pfeife raucht. Agathas Blick gleicht dem eines Unschuldslammes. „Who? Me?", fragt sie. „Yes, you", stimmt Archie ein. „We know you, you're always planning something."

„All right", Agatha setzt sich sehr gerade auf und erklärt: „Two lodgers means that there must be room for one more. And now – just imagine – what if a lodger showed up who could also help out in the kitchen?"

> **OVERWHELMED**
>
> Der Ausdruck **overwhelmed by** wird meist gefolgt von großen Gefühlen oder äußeren Reaktionen: **He was overwhelmed by regrets** – *er war von Reue überwältigt*, **she was overwhelmed by protests** – *sie wurde von Protest überwältigt*. Ohne den Zusatz **by** steht **overwhelmed** neben *zutiefst beeindruckt* auch für *überfordert, überarbeitet*. Man kann auch **underwhelmed** sein – gerne mit sarkastischem Tonfall, wenn einen etwas gar nicht begeistert.

WORTSCHATZ

though *jedoch*
overwhelmed *überfordert*
household *Haushalt*
lodger *Untermieter/in*
maid *Hausangestellte*
eldest *älteste/r/s*
to help out *aushelfen*

CHAPTER 5
THE CROCODILE

Am nächsten Tag kehrt Agatha triumphierend in Simons Haus zurück. „I'm the new lodger in Dr Pritchard's household!", ruft sie aus. „I'm going to find out if there was anything mysterious about the death of Mrs Pritchard." „I'm sure you will", lächelt Archie, doch innerlich ist er ein wenig besorgt. Hoffentlich nimmt Agatha sich hier nicht zu viel vor. „Oh", fügt Agatha noch schnell hinzu. „Before I forget: my name is Wilson now. I'm Mrs Wilson, a widow." „Sorry for your loss", sagt Archie feierlich. „I'm sure the late Mr Wilson was a wonderful husband." „No, he wasn't", erklärt Agatha schnippisch. „He was an irresponsible ratbag who drank and gambled and left me with no place to stay. That's why I asked Dr Pritchard for a room." „And how are you going to pay for that, if your good-for-nothing husband gambled everything away?" Agatha richtet die Augen gen Himmel und seufzt theatralisch: „My dear dear aunt has left me a generous annuity ... what would I do without that?"

Archie lacht. „All right, I think you're well prepared to become a spy."

> **ANNUITY**
>
> Eine Annuity, eine Leibrente, war ein gängiges Versorgungsmodell für Angehörige der oberen Klassen ohne eigenen Grundbesitz. Ein jährliches Einkommen wurde, je nach den Bedingungen des Vertrages, für eine bestimmte Anzahl von Jahren oder auch lebenslänglich ausbezahlt.

Als Agatha am nächsten Nachmittag mit einer Reisetruhe vor dem Haus der Pritchards in einer Nebenstraße der Sauchiehall Street steht, ist ihr aber dann doch ein wenig unheimlich zumute. Was, wenn es tatsächlich einen Mord gegeben hat? Und was, wenn der Mörder – oder die Mörderin – noch im Haus ist? Länger grübeln kann sie nicht, da die Tür aufgerissen wird und ihr ein Hausmädchen gegenübersteht. Das Mädchen, kaum älter als fünfzehn, schätzt Agatha, bittet sie herein.

WORTSCHATZ

mysterious *mysteriös*
widow *Witwe*
sorry for your loss *herzliches Beileid*
late *verstorben*
irresponsible *verantwortungslos*
ratbag *veraltet: Drecksack*
to gamble *Glücksspiele spielen*
good-for-nothing *Taugenichts*
to gamble away *verspielen*
generous *großzügig, üppig*
annuity *Leibrente*

„I'm Mary, the maid", stellt sich das Mädchen vor und packt Agathas Reisetruhe an einer Seite. Schnell greift Agatha die andere Seite, als Mary auch schon erstaunt ruft: „Your trunk isn't heavy at all, I can carry it for you, Mrs Wilson." Agatha wird ein bisschen rot. Ans Gewicht der Truhe hatte sie nicht gedacht, als sie am Vortag mit Esthers Hilfe eine der Reisetruhen der Kellys mit ein paar Dingen befüllt hat. „That's enough", hatte sie

> **TRAVEL TRUNK**
>
> Koffer, wie wir sie kennen, sind noch eine relativ neue Erfindung. In viktorianischen Zeiten reiste die Frau von Welt mit einer massiven Reisetruhe aus Holz, Metall und Leder.

schon bald gesagt. „I won't be there forever." Nun wünscht sie sich, sie hätte doch noch ein paar Sachen mehr eingepackt. Um abzulenken, bemerkt sie schnell: „This is a beautiful house." Agatha könnte sich ohrfeigen. Was für eine dumme, lapidare Bemerkung ... Glücklicherweise scheint Mary das nicht so zu empfinden. Mit etwas, das fast wie Besitzerstolz klingt, bestätigt sie „Oh yes, this is one of the finest houses in the area. Dr Pritchard has very good taste. The furniture is the best quality, and the colours are beautiful, aren't they?" Agatha sieht sich um. Für ihren Geschmack ist das Foyer etwas zu voll mit Vasen, kleinen Tischchen und Vitrinen, alles wirkt überladen. Der tiefrote Teppich, der die Treppe hinaufführt, beißt sich mit dem Farbton des polierten Holzes darunter. Agatha nickt Mary freundlich zu: „You're right, it's all very elegant."

Nachdem Mary Agatha in ihr Zimmer gebracht hat, atmet diese erst einmal durch. Mrs Wilson ist angekommen. Das Zimmer ist erfreulicherweise längst nicht so überladen wie das Foyer, sondern schlicht und luftig. Fliederfarbene Vorhänge umrahmen ein hohes Fenster, über dem Bett liegt eine gemusterte lila Tagesdecke, die Tapete ist hell und mit kleinen Veilchen- und Vergissmeinnichtsträußen gemustert. „Now these are beautiful colours", denkt sich Agatha.

WORTSCHATZ

trunk *Truhe; Koffer*
to have good taste *Geschmack haben*

CHAPTER 5
THE CROCODILE

A House of Death

Für einen Mietnachlass hat Agatha mit Dr Pritchard vereinbart, der Köchin Mrs Paterson zur Hand zu gehen. Also begibt sie sich direkt zur Küche. Dort ist eine kleine, spindeldürre Frau dabei, hektisch Kartoffeln zu schälen. „Oh, thank God!", ruft sie aus, als sie Agatha im Türrahmen erblickt. „You're Mrs Wilson, aren't you? Heaven has sent you!" Agatha lächelt und nimmt sich eine Schürze vom Haken an der Tür. „Let me peel the potatoes", sagt sie beruhigend, „and you can take care of the rest." Mrs Paterson nickt und drückt Agatha das Schälmesser in die Hand. Sofort macht sie sich am Herd zu schaffen und facht die Kohlen weiter an.

Als mit gemeinsamer Kraft das Essen auf dem Herd steht, greift Mrs Paterson zum Teekessel und gießt zwei Tassen Tee ein. „You've saved me, Mrs Wilson", seufzt sie und lässt sich auf einen Stuhl sinken, während sie Agatha Milchkännchen und Zuckerdose zuschiebt. „I'm not usually so nervous, but I haven't been the same since Mrs Pritchard died." Agatha horcht auf. Nun könnte es interessant werden. „Your mistress – when did she die?" „On the 18th of March", entgegnet Mrs Paterson.

COOK AND MAID

In viktorianischen Haushalten arbeiteten sehr viele Bedienstete. Die Arbeit war hart und der Verdienst gering. Für Familien der Oberschicht arbeiteten oft ganze Armeen von Angestellten, vom Butler über den Gärtner bis zum Waschpersonal, doch auch die Mittelklasse leistete sich so viel Dienerschaft, wie sie konnte – in diesem Fall eine Köchin und ein Hausmädchen, das als „Mädchen für alles" sicher 15- bis 17-Stundentage hinlegen musste.

WORTSCHATZ

heaven *Himmel*
to peel *schälen*
to take care of sth *sich um etw kümmern*
mistress *veraltet: Herrin*

CHAPTER 5
THE CROCODILE

"Had she been ill?", hakt Agatha nach, als keine weitere Information zu kommen scheint. Mrs Paterson überlegt kurz. "I've only been here since the middle of February. Mrs Lattimer, who was cook before I came, told me that Mrs Pritchard had been severely ill about two weeks earlier, but that she was a little better now. I thought she still looked very ill when I met her. She was a very nice lady, very quiet."

Mrs Paterson steht auf und geht zum Ofen, um nach dem Braten zu sehen. "I didn't cook for her", fährt sie schließlich fort. "Her mother came to take care of her. Lived in the lilac room, and she made all meals for her, and I think that did her good. She looked much better after a while. I thought she would recover soon. A mother's love ....", seufzt sie. Agatha fegt die letzten Kartoffelschalen in einen Eimer und wäscht den Tisch ab. Alles, was sie bislang gehört hat, deutet auf eine tragische Krankheit hin.

"It was such a shock to have someone die in this house", hört sie Mrs Paterson sagen. "Yes, I understand she was still quite young, and five children ...", entgegnet Agatha gedankenverloren, doch als sie Mrs Patersons nächsten Satz hört, ist sie plötzlich hellwach.

"Oh no, I wasn't talking about Mrs Pritchard! You haven't heard about it? Well, it would be inappropriate to gossip about the happenings in this household. But I guess I can tell you something about the person who died: the person's father is Mrs Pritchard's father's father-in-law."

TO HAVE SOMEONE DIE

Der Ausdruck **to have someone die** lässt sich nicht direkt ins Deutsche übersetzen. Trotz der aktiven Konstruktion mit **have** ist eigentlich ein passiver Vorgang gemeint. Eine ungefähre Entsprechung wäre *jemanden sterben sehen*. In anderen Zusammenhängen hat es die aktive Bedeutung *lassen*: **to have someone work for you** *jemanden für sich arbeiten lassen*.

WORTSCHATZ

severely ill *ernsthaft erkrankt*
lilac *fliederfarben*
to do sb good *jdm guttun*
recover *genesen*
a mother's love *Mutterliebe*
inappropriate *unangemessen*
to gossip *tratschen*
happenings *Geschehnisse*
father-in-law *Schwiegervater*

Wer ist gestorben?

CHAPTER 5
THE CROCODILE

Nachdem Agatha Mrs Patersons Wortspielerei gelöst hat, wird diese wieder ernst: „It's true: the mother died first – quite suddenly. A stroke, the doctor said. She was elderly, seventy, I think ..." Agatha dreht sich der Kopf. Was genau war noch mal im Brief gestanden?

One woman died, and she was old, so nobody looked twice. The second woman died. Why didn't anybody look twice this time?

Das passte ja genau! Der Schreiber des anonymen Briefes schien irgendetwas gewusst zu haben ... Und diesmal würde jemand ein zweites Mal hinsehen.

Vor dem Essen geht Agatha noch einmal in ihr Zimmer, um sich umzuziehen. Sie öffnet das Fenster ein wenig und die fliederfarbenen Vorhänge flattern. Fliederfarben „Lilac ...", denkt sich Agatha, „now, where did lilac come up?" Plötzlich fällt es ihr wie Schuppen von den Augen: „The lilac room!" Das muss das Zimmer sein, das Mrs Pritchards Mutter bewohnte, als sie ihre Tochter pflegte. Ob sie wohl hier gestorben ist? „I'm living in a house of death now ...", denkt sich Agatha, „maybe even in the very room where someone died!"

Als sie kurz darauf ins Speisezimmer tritt, sind alle anderen bereits versammelt. Dr Pritchard kommt auf sie zu und stellt sie den anderen Anwesenden vor. Der Doktor ist groß und schlank, Ende dreißig, und trägt einen imposanten, offensichtlich mit Stolz gepflegten Vollbart. Er ist in Schwarz gekleidet, seine Haltung wirkt leicht gebückt, als liege eine große Last auf seinen Schultern. Trotzdem erweist er sich als durchaus charmanter, redegewandter Gastgeber, der Agatha zunächst mit den beiden Männern bekannt macht, die am Fenster stehen.

„These are our two other lodgers – Mr King and Mr Connell. They are both medical students and study in my surgery." Die jungen Männer – Mr King klein und gedrungen und trotz seiner jungen Jahre bereits nahezu kahlköpfig und Mr Connell groß, ungelenk und rothaarig – bilden einen Kontrast zu dem eleganten, selbstsicheren Dr Pritchard, doch auch sie geben sich alle Mühe, sie mit angenehmer

---

VERY

Very als Adverb verstärkt Adjektive und bedeutet *sehr*: **very nice** *sehr schön*. Wenn man es hingegen als Adjektiv (vor einen Nomen) benutzt, heißt es *genau der/die/das*. **In the very room** bedeutet also *genau in dem Zimmer*, **on the very ship** heißt *auf genau dem Schiff*.

WORTSCHATZ

stroke *Schlaganfall*
elderly *betagt, schon älter*
to come up *vorkommen, auftauchen*
medical student *Medizinstudent/in*
surgery *Arztpraxis*

CHAPTER 5
THE CROCODILE

Konversation zu unterhalten. Die Kinder Charles, Kenneth, Jane, und Horace sitzen still am Tisch. „What a huge contrast they are to Simon's little whirlwind ...", denkt Agatha. Sie zuckt zusammen, als Dr Pritchard, als hätte er ihre Gedanken gelesen, anmerkt: „They miss their mother very much." Agatha sieht die Tränen in den Augen des Arztes und nickt. „And so do you", denkt sie sich, spricht es aber nicht aus.

Trotz der anfänglich gedrückten Stimmung verläuft das Abendessen unterhaltsam. Staunend lauscht Agatha, als Dr Pritchard von seinem Leben erzählt. Nach dem Studium hatte der Arzt bei der Marine angeheuert und als Assistenzarzt auf der HMS Victory gearbeitet. „To work on the very ship Admiral Nelson commanded at the Battle of Trafalgar ...", flüstert Mr Connell tief beeindruckt. „A piece of history", nickt Mr King, ebenfalls mit ehrfürchtiger Stimme. Dr Pritchard lächelt. „It really was an honour." Die Stunden, nachdem die Kinder zu Bett gegangen sind, vergehen wie im Flug, während Dr Pritchard immer weitere Episoden aus seinem bewegten Leben erzählt. Von seinem Medizinstudium in Erlangen und dem Leben in Deutschland, von seinem Bruder, der Generalgouverneur von Ceylon ist, und schließlich von seiner persönlichen Freundschaft mit dem italienischen Freiheitskämpfer Giuseppe Garibaldi. Mit verträumtstolzem Gesichtsausdruck nimmt der Doktor einen Spazierstock von der Halterung über dem Kaminsims. Seine Finger streichen liebevoll über die Gravur ‚Presented by Gen Garibaldi to Edward William Pritchard'. „These are the memories that help me to get through these bleak and troublesome times", sagt er schließlich, wünscht allen eine gute Nacht und verlässt abrupt den Raum.

HMS VICTORY

Schon etwas lädiert bescherte die HMS Victory England 1805 den Sieg in der Schlacht bei Trafalgar, machte Napoleons Invasionspläne zunichte und wurde zur nationalen Legende. Der imposante Dreimaster mit seinen drei Decks und 104 Kanonen überstand noch vieles und ist heute im Museumshafen von Portsmouth zu besichtigen. Zwar liegt die HMS Victory inzwischen im Trockendock – als Flaggschiff des ersten Sea Lord bewegt sie sich aber auf ihr 250. Dienstjahr zu.

WORTSCHATZ

contrast Gegensatz
whirlwind Wirbelwind
to command kommandieren
honour Ehre
to present schenken
Gen (General) General
to get through überstehen
bleak trostlos
troublesome schwierig

CHAPTER 5
THE CROCODILE

The Lilac Room

In dieser Nacht schläft Agatha schlecht. Vor ihrem inneren Auge sieht sie die blassen, traurigen Gesichter der Kinder am Esstisch und die Tränen in den Augenwinkeln des stolzen Arztes, der so weit herum gekommen ist und so viel erlebt hat, nur um jetzt in dieser Trostlosigkeit zu stranden. „What happened in this house?", fragt sie sich, während sie sich von einer Seite auf die andere wälzt. „If it was murder", denkt sie sich, „it must have been poison. Poisonings can look like illnesses, just think of the case of Madeleine Smith."

Als Agatha ins Reich der Träume hinüber gleitet, verschmelzen die Gesichtszüge der jungen Giftmörderin mit denen von Mrs Paterson. Drohend hebt die Köchin die Schöpfkelle und funkelt Agatha aus rabenschwarzen Augen an, als sich ihre Gesichtszüge abermals wandeln und plötzlich Mr King mit der Kelle in einem riesigen Kessel rührt und ein unheimlich krächzendes Kichern ausstößt. Agatha richtet sich auf. Ihre Stirn ist schweißnass. „I never dream so vividly", denkt sie sich, „it must be this house – maybe this room. It's driving me mad ..." Sie steht auf und schenkt sich ein Glas Wasser aus dem Krug auf dem Nachttisch ein. Dann schlüpft sie in ihren Morgenmantel und die Pantoffeln und geht zum Schreibtisch. Im Mondlicht sieht sie die Kerze, die darauf steht, doch das Feuer im Kamin ist bereits ausgegangen.

„Lucifers!", flüstert sie erfreut, als sie in der obersten Schublade eine kleine Schachtel ertastet. Sie nimmt eines der Hölzer aus der Schachtel und reißt es am Kaminsims an. Schwefelgeruch steigt ihr in die Nase, als sie

LUCIFERS

Eigentlich ein eingetragener Markenname, wurden bald alle Streichhölzer **Lucifers** genannt. Der Name passt so oder so: Die Wortbedeutung des „Lichtbringers" kann man wörtlich nehmen. Wer bei Lucifer eher an die Hölle und Schwefel denkt, liegt auch nicht falsch – letzteres war in diesen frühen Zündhölzern reichlich zu finden. Im Gegensatz zu heutigen Sicherheitszündhölzern konnte man Lucifers an jeder rauen Oberfläche entzünden, was aber gelegentlich mit heftigeren Flammen und Funkenflug einherging.

WORTSCHATZ

poison *Gift*
poisoning *Vergiftung*
case *Fall*
vivid *lebhaft*
to drive sb mad *jdn verrückt machen*

CHAPTER 5
THE CROCODILE

die Kerze anzündet. Im Schreibtisch findet sie schnell etwas Papier, Tinte und ein paar Federhalter. Eine Weile starrt sie auf das weiße Rechteck, während sie versucht, ihre Gedanken zu organisieren. Sie schreibt ein paar Sätze, doch so richtig hilft ihr das nicht weiter. So viel Dr Pritchard über sich selbst erzählt hat, so wenig weiß sie über die beiden Toten. Die Kerze flackert und wirft zitternde Schatten in den Raum. „The room ... the lilac room ..." – wie er wohl aussah, als die ältere Dame hier wohnte, um sich um ihre Tochter zu kümmern? Agatha legt die Tagesdecke, die sie vor dem Schlafengehen weggeräumt hat, wieder ordentlich auf das Bett, und sieht sich um. „I bet she had a lot more things ...", denkt sie und gähnt. „Things ..." Plötzlich ist sie hellwach. „Whenever someone has got lots of things, something will get lost or mislaid." Da ist sie sich sicher, vor allem, nachdem die Dame verstorben ist, ohne selbst aufräumen zu können. „Maybe there's something in this room that will help me", sagt sie und fängt an zu suchen. Und tatsächlich findet sie einen kleinen Zettel, den jemand unter der Matratze versteckt hat.

„This can't be all!", denkt sich Agatha. „There must be something else in this room. Something that can help me read this message!" Sie lässt die Augen durch den Raum schweifen.

WORTSCHATZ

to bet *wetten*
to mislay sth *etw verlegen*

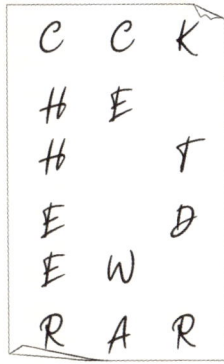

Wie lautet die Nachricht und wo sollte Agatha genauer nachschauen?

CHAPTER 5
THE CROCODILE

Die handgehäkelte Tagesdecke auf dem Bett war der entscheidende Hinweis! Vermutlich stammt sie von der verstorbenen Mutter von Mrs Pritchard. Agatha befolgt die Anweisung der Nachricht und entdeckt in der Schublade des Schreibtischs einen versteckten doppelten Boden: Darunter sind eine Haarnadel, eine kleine braune Medikamentenflasche und eine Bibel versteckt.

Sie legt die Funde auf den Schreibtisch und geht zu der Kommode neben dem Bett. In der obersten Schublade liegt eine Wärmflasche, daneben ein Stapel feine Taschentücher mit Spitzenrand und ein Kästchen mit Nadeln, Garn und ein paar Knöpfen. Sonst nichts. Agatha schiebt die Schublade wieder zu. Die nächste Schublade klemmt. Agatha drückt die Fußspitze an die untere Kante der Kommode und zieht mit aller Kraft. Mit einem lauten Geräusch löst sich die Lade. Agatha hält die Luft an. Waren das Schritte auf dem Flur? Eine laute Stimme lässt sie zusammenzucken. „Mrs Wilson?" Jemand steht direkt vor ihrer Tür. „Are you all right, Mrs Wilson?"

Wessen Stimme ist das? Agatha bemüht sich, müde und nicht ängstlich zu klingen. „I am so sorry", gähnt sie betont langsam, „I wanted to get some water and I've knocked over my chair." „Be careful!", kommt die kurze Antwort, dann entfernen sich die Schritte. War das Mr Connell? Agatha atmet auf. Die Schublade, die den ganzen Ärger gemacht hat, ist leer. „It'll have to wait until the morning", beschließt Agatha und geht zum Schreibtisch, um ihre ersten Funde zu begutachten.

Die Haarnadel ist ein schönes Stück, das in Silber gearbeitet ist und am oberen Ende ein dekoratives Efeumuster zeigt. „Ivy", sinniert Agatha „stands for everlasting love and marriage. I wonder if she had a loving husband ..." Die Bibel bietet etwas mehr Aufschluss. Auf den ersten Seiten ist ein Stammbaum eingetragen:

WORTSCHATZ

to knock sth over *etw umstoßen*
ivy *Efeu*
everlasting *immerwährend*
née *geborene*

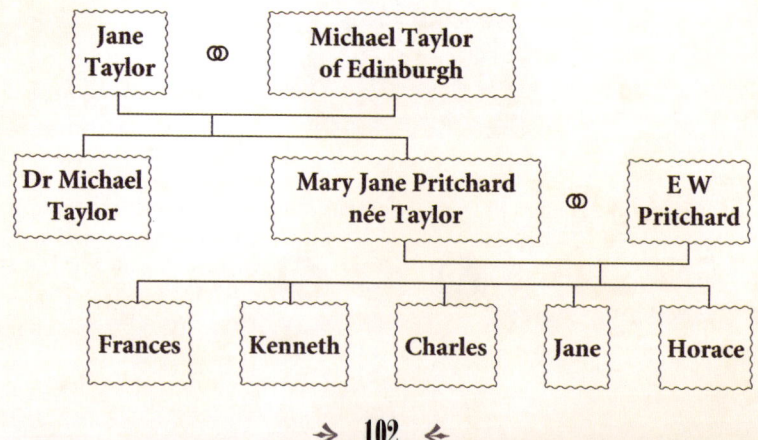

CHAPTER 5
THE CROCODILE

"Now you've got a name, Mrs Taylor ...", flüstert Agatha und lehnt sich zurück. "And a husband, and two children. One of whom is dead ... and so are you. Why?" Ihr Blick fällt auf die Flasche, die auf dem Schreibtisch steht. Interessiert greift sie danach und liest das Etikett.

BATTLEY'S SOLUTION OF OPIUM

Agatha hat davon gehört: ein Beruhigungsmittel, wie es die meisten Apotheken anbieten. Nicht ganz ungefährlich, aber effizient. Könnte Mrs Taylor versehentlich eine Überdosis genommen haben? Aber hätte ihr Tod dann nach einem Schlaganfall ausgesehen? Vielleicht hat jemand etwas in die Medizin gemischt? Interessiert zieht sie den Korken heraus und schnüffelt. Immerhin: „Not a hint of bitter almond", bemerkt sie. „That excludes cyanide." Ein kleines Etikett auf der Rückseite der Flasche ist handschriftlich markiert: Mrs Jane Taylor, 1 tsp before bed. „Could be arsenic", überlegt sie. „I'm probably on the wrong track ..." Seufzend lässt sie die Flasche dann aber doch sicherheitshalber in ihre Handtasche gleiten, bevor sie sich wieder ins Bett legt.

OPIUM

That all-potent and all-merciful drug – dieses allmächtige und barmherzige Heilmittel, so nannte Wilkie Collins die Opium-Lösung Laudanum im Roman *The Moonstone*. Laudanum und andere Mischungen wie Battley's Solution of Opium waren beliebte Schmerz- und Beruhigungsmittel, die man sogar Kindern verabreichte. Dass es dabei immer wieder zu Todesfällen kam, war eine bedauernswerte Nebenwirkung.

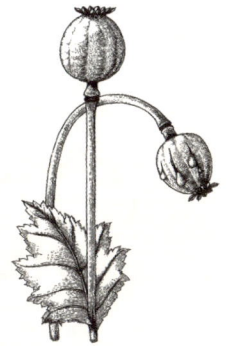

WORTSCHATZ

solution *Lösung*
hint *Hinweis; hier: Spur*
bitter almond *Bittermandel*
to exclude *ausschließen*
cyanide *Zyanid, Blausäure*
tsp = teaspoon *TL = Teelöffel*
before bed *vor dem Schlafengehen*
arsenic *Arsen*
on the wrong track *auf der falschen Fährte*

CHAPTER 5
THE CROCODILE

Suspicions and Elevenses

Am nächsten Morgen erwacht Agatha matt und mit Kopfschmerzen. Die schlaflose Nacht fordert ihren Tribut. Gähnend richtet sie sich im Bett auf, als es an der Tür klopft. Mary, das Hausmädchen kommt herein. „It's a cold morning", verkündet sie und macht sich am Kamin zu schaffen. „Would you care for a cup of tea, Mrs Wilson?", fragt sie freundlich. Agatha nickt. „I'm a bit under the weather, I'm afraid", sagt sie und ist dem Mädchen unendlich dankbar für das frisch entfachte Feuer und den versprochenen Tee, als sie sich ankleidet. Kaum ist sie fertig, als Mary bereits mit einer dampfenden Teetasse auf einem kleinen Silbertablett zurückkommt.

„Mrs Paterson says good morning", richtet sie aus, „and she wants to ask if you're helping with dinner again tonight." „Tell her I'll be there", entgegnet Agatha und nickt Mary zu. Mary sieht allerdings nicht Agatha an, sondern starrt auf den Tisch, auf dem noch immer Mrs Taylors Bibel liegt. „Oh, I couldn't sleep last night, and it always helps to read the Good Book, don't you think?", erklärt Agatha schnell. Mary nickt und geht, doch Agatha ist sich nicht sicher: „Have I just glimpsed a little bit of mistrust, or am I imagining things?"

> **UNDER THE WEATHER**
>
> Wer wetterfühlig ist, mag den umgangssprachlichen Ausdruck **under the weather** *nicht ganz auf der Höhe* als Synonym für **sick** oder **unwell** spontan verstehen. Manche Sprachwissenschaftler vermuten den Ursprung der Redewendung aber in Schiffsreisen, wenn starker Seegang Übelkeit verursachte und Passagiere dazu brachte, sich unter Deck einen weniger stark schwankenden Ort zu suchen.

WORTSCHATZ

suspicion *Verdacht*
would you care for *hätten Sie gern*
I'm afraid *fürchte ich*
the Good Book *die Heilige Schrift*
to glimpse *erspähen*
mistrust *Misstrauen*

CHAPTER 5
THE CROCODILE

Der Tee wirkt belebend. Agatha steckt sich wieder vor dem Spiegel ihre Brosche fest und geht die Treppe mit dem tiefroten Teppich hinunter ins Speisezimmer, wo bereits Mr King und Mr Connell beim Frühstück sitzen. Der Doktor und die Kinder sind nirgendwo zu sehen. Die beiden jungen Mediziner wünschen freundlich einen guten Morgen. Angestrengt lauscht Agatha, ob sie die Stimme wiedererkennt, die sie gestern Nacht vor ihrer Tür gehört hat, aber sie ist sich nicht sicher. Schließlich lenkt sie selbst das Gespräch in die entsprechende Richtung: „**Was there a full moon last night? It was really hard to fall asleep ...**" Mr Connell grinst: „**There's no scientific proof for the idea that the phases of the moon influence sleep.**" Mr King legt seinem Kollegen die Hand auf den Arm: „**Correct, my dear Connell, but not very helpful. Since Mrs Wilson is obviously tired, she doesn't need scientific lectures, but ...**" mit diesen Worten greift er nach einer kleinen Tasse und einer silbernen Kanne und beginnt einzugießen, „**... coffee!**" Strahlend überreicht er Agatha das Mokkatässchen mit der dicken schwarzen Flüssigkeit. „**Come on now, drink it**", ermuntert sie Mr Connell. „**Coffee helps. I'm sure there's even scientific proof.**"

Nach dem Frühstück verlässt Agatha das Haus. Ihr Weg führt sie zur Polizei, wo sie nach Simon fragt und in einen Warteraum neben der Pathologie geführt wird. Auf einem der Holzstühle sinkt sie in sich zusammen, während sie wartet. „**Lady Agatha!**" Simons Stimme lässt sie aufschrecken. Sie richtet sich auf, während er sie kritisch betrachtet. „**Forgive me for saying this, but you don't look very well this morning**", bemerkt er vorsichtig. „**You know, I have mostly dead patients, but I am a doctor after all.**" Agatha lächelt und wiederholt noch einmal, dass sie schlecht geschlafen hat. Jetzt aber kann sie endlich alles erzählen. „**There is something I have found out. Can we talk?**"

Simon sieht auf die Uhr an der Wand und konstatiert „**It's time for elevenses! And I know a nice tea room just around the corner.**"

WORTSCHATZ

full moon *Vollmond*
to fall asleep *einschlafen*
scientific *wissenschaftlich*
proof *Nachweis*
phases of the moon *Mondphasen*
lecture *Vorlesung*
forgive me for saying this *verzeihen Sie, wenn ich das sage*

Mit einer dampfenden Teekanne zwischen ihnen berichtet Agatha Simon, was sie herausgefunden hat. „So there was a possible second victim", sinniert Simon, „and you're right – the only logical explanation for it would be poison." Auf dieses Stichwort zieht Agatha die Flasche aus der Tasche. „I'm sure it's nothing, but maybe you could have it tested?", fragt sie. „It doesn't smell like cyanide, and arsenic would leave crystals on the bottom, wouldn't it?", bemerkt sie schulterzuckend. „You're right", nickt Simon, „but let's have it tested anyway." Jetzt, wo die Fakten erzählt sind, schüttet Agatha Simon ihr Herz aus: ihr komisches Gefühl, was die Köchin Mrs Paterson betrifft, die Stimme in der Nacht, die beiden Medizinstudenten ... Zwar kann Simon nicht helfen, doch Agatha fühlt sich deutlich besser, als sie in die Sauchiehall Street zurückkehrt.

Agatha beschließt, sich noch ein wenig im Haus umzusehen. Nachdem der Doktor ihr die Nutzung der Bibliothek gestattet hat, will sie dort anfangen. Mehrere Zeitungen liegen auf dem glänzend polierten Lesetisch in der Mitte des Raumes, im Kamin glühen ein paar dicke Holzscheite. Agatha betrachtet die Bücher in den Regalen. Medizin hauptsächlich, aber auch Bände über Kunst und Geografie stehen in Reih und Glied, durchlaufend nummeriert. „Are you looking for something?" Die Stimme lässt sie zusammenfahren. Es ist die Stimme von gestern abend.

Abrupt dreht sie sich um und steht Dr Pritchard gegenüber. Dieser lächelt verlegen. „I didn't mean to startle you", sagt er entschuldigend. Agatha entschuldigt sich. „I am so sorry, Sir", beginnt sie. „I don't mean to trouble you. You must have had such a horrible time with losing your wife and your mother-in-law ..." Dr Pritchards Gesicht scheint

---

ELEVENSES

„When late morning rolls around, and you're feeling a bit out of sorts, don't worry; you're probably just a little eleven o'clockish," findet Pu der Bär, und viele Briten würden ihm zustimmen: Eine Zwischenmahlzeit mit Tee am späten Morgen ist stets willkommen. „Elevener" oder „elevenses" wurden im 19. Jahrhundert eine populäre Einrichtung, als Tee erschwinglich wurde und Tea Rooms im gesamten Vereinigten Königreich wie die Pilze aus dem Boden schossen. Im Gegensatz zum Coffee to go von heute gönnte man sich zum Tee eine halbe Stunde Pause und ein Scone oder etwas anderes Süßes.

WORTSCHATZ

victim *Opfer*
logical *logisch*
to have it tested *es testen lassen*
crystal *Kristalle*
to startle sb *jdn erschrecken*
to trouble sb *jdm Kummer machen*
mother-in-law *Schwiegermutter*

CHAPTER 5
THE CROCODILE

zu versteinern. Hat sie etwas Falsches gesagt? Urplötzlich beginnt der Doktor zu schluchzen. Die Tränen fließen ihm übers ganze Gesicht. Vorsichtig reicht ihm Agatha ein Taschentuch, doch er greift ihre Hände und hält sie sich schluchzend vor die Augen. Als er sie endlich loslässt, legt Agatha ihm kurz die Hand auf die Schulter. „I'm sure time will help", sagt sie leise. „It might not heal all wounds, but it will all become more bearable." Danach verlässt sie schnell den Raum. Die plötzliche Nähe ist ihr unheimlich.

In ihrem Zimmer geht sie zunächst aufgewühlt auf und ab, als plötzlich jemand im Türrahmen erscheint. Zu ihrer Überraschung erkennt sie Mary, die da wieder mit einer Tasse Tee auf einem kleinen silbernen Tablett steht. „I thought you might want some tea, Mrs Wilson", sagt sie und sieht Agatha aus geröteten Augen an. Erstaunt sieht Agatha in Marys Gesicht. „Why are you really here?"

Mary holt tief Luft, dann bricht es aus hier heraus. „I've seen you in the library. You can't have him. He's mine! He told me he'd marry me if his wife died. And now she has died. But then you come along ... and he's all over you. And if you think you can just march in and take the doctor away from me ..." Mary bricht schluchzend zusammen und lässt sich von Agatha behutsam zum Sessel am Fenster führen, in den sie sie setzt. „I was even going to have his baby", wimmert das Mädchen, „but he wouldn't let me keep it. He said we could have other children when we were married ..."

Plötzlich schluchzt Mary: „Why aren't you drinking your tea?" Agatha zuckt zusammen. Will Mary auch sie vergiften? Sie will das Haus verlassen, doch unten im Foyer steht der Doktor. Schnell läuft sie in ihr Zimmer und schließt die Tür.

Richtig ruhig ist sie erst, als sie noch einen Stuhl unter die Türklinke geklemmt hat. Die kleine, siebzehnjährige Mary will ihr nicht als Mörderin einleuchten. Sie hebt die Bibel auf, die ihr beim Umstellen des Stuhls auf den Boden gefallen ist. Beim Aufprall ist der Ledereinband verrutscht, und nun sieht sie ein dünnes Papier herausragen. Sie zieht sie es heraus, als sie Stimmen in der Eingangshalle hört.

Ein Stein fällt von Agathas Herzen als sie die Stimmen erkennt: Archie und Simon sind da, und scheinbar haben sie noch ein paar Polizisten mitgebracht. Erleichtert öffnet sie die Tür, um zu ihrer Überraschung die Verhaftung von Dr Pritchard zu beobachten. „We found

WORTSCHATZ

to heal heilen
wound Wunde
bearable erträglich
to come along hier: auftauchen
to be all over sb um jdn herumscharwenzeln
to march in hereinmarschieren
antimony Antimon (chem. Element)
aconite Aconitum (Giftpflanze Eisenhut)

CHAPTER 5
THE CROCODILE

antimony and aconite in the bottle", erklärt Simon ein wenig später, „both potent plant poisons, and we have proof that Dr Pritchard bought both substances shortly before his wife became ill." „He's been having an affair with the maid!", platzt Agatha heraus. „I didn't suspect him because he seemed so sad, he cried so much ... but now I think those were crocodile tears." „What's that in your hand?", fragt Archie schließlich. Agatha entfaltet das dünne Papier.

> *My name is Jane Taylor. I am worried my son-in-law is slowly murdering my daughter. She always gets worse after he brings her food. I feel weak, and I am so scared. Am I being poisoned, too? He knows I'm suspicious, I caught him with the maid. Oh God, have mercy, I feel ill. Edward is a bad person.*
>
> *I have proof:*

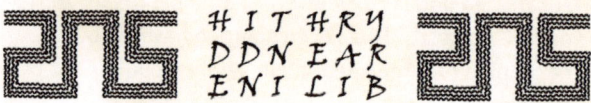
```
H I  H R Y
D D N E A R
E N I  L I B
```

This is where to find it:

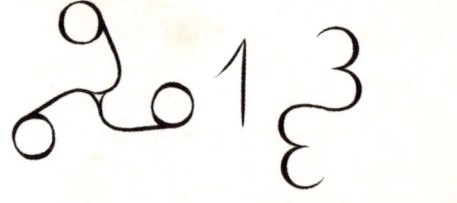

WORTSCHATZ

potent *wirkkräftig*
substance *Substanz; hier: Chemikalie*
shortly *kurze Zeit*
affair *Affäre*
to suspect sb *jdn verdächtigen*
crocodile tears *Krokodilstränen*
son-in-law *Schwiegersohn*
suspicious *misstrauisch*
mercy *Gnade*

Wo hat Mrs Taylor den Beweis versteckt? Die Nummer, die zum Versteck führt, gibt die Seitenzahl an, auf der das Finale des Kapitels zu finden ist.

NÜTZLICHES FÜR DEINE ERMITTLUNGEN

CASE FILES

CASE FILES
NOTIZEN

CASE FILES
NOTIZEN

CASE FILES
NOTIZEN

CASE FILES
NOTIZEN

CASE FILES
NOTIZEN

CASE FILES
NOTIZEN

CASE FILES
NOTIZEN

CASE FILES
NOTIZEN

Hinweise und Lösungen

1 Alle Körperteile beschriften!	**2** Was ist das Gegenteil von Weiß? Natürlich auf Englisch.	**3** Die Tagesdecke auf dem Bett hat ein auffälliges Muster.
4 "LOCKSMITH" ist auffällig großgeschrieben.	**5** Welche Objekte im Raum reimen sich? Verbindet man die Reimwörter, offenbart der Kreuzungspunkt das Geheimversteck.	**6** Positionswechsel!
7 Zwei Initialen, zwei Stricknadeln, zwei Kreise.	**8** Jede Zahl steht für einen Buchstaben.	**9** Gesucht ist die Person, deren Vater der Schwiegervater von Mrs Pritchards Vater ist.
10 Für das gesuchte Gift und die genaue Menge braucht es die vorherigen Rätsel des Kapitels. Gesucht sind drei Ziffern, die gemeinsam die Giftmenge in mg und die Seitenzahl des Kapitelendes ergeben.		**11** Wie der Kapitän schon sagt, ist seine Beschreibung des Mannes unnötig lang. Vermutlich kann man seine Beschreibung sinnvoll verkürzen.
12 Für den Beweis und die genaue Angabe, wo er zu finden ist, braucht es die vorherigen Rätsel des Kapitels. Gesucht sind 3 Ziffern, die gemeinsam den Ort des Beweises und die Seitenzahl des Kapitelendes ergeben.		
13 Für das gesuchte Objekt und die Schrittanzahl braucht es die vorherigen Rätsel des Kapitels. Gesucht sind drei Ziffern, die gemeinsam die Schrittanzahl und die Seitenzahl des Kapitelendes ergeben.		**14** Auf kariertem Papier (ab S. 118) kann man den Weg am besten nachvollziehen. Aber auch ohne Karos hilft eine Skizze!
15 Von Punkt zu Punkt. Den Pfeilen folgen!	**16** Jede Zahl steht für einen Buchstaben.	**17** Jeder Dominostein muss um 180 Grad gedreht, also einmal auf den Kopf gestellt werden. Die weißen Punkte bilden dann ein Symbol.

CASE FILES
HINWEISE UND LÖSUNGEN

18 Manchmal hilft ein Perspektivwechsel.	**19** Entdecke die versteckten Zahlen!	**20** Für die Zimmernummer braucht es die vorherigen Rätsel des Kapitels. Gesucht sind drei Ziffern, die gemeinsam die Seitenzahl des Kapitelendes ergeben.
21 In welchem Kreis ist oben die 12 und unten die 6?	**22** Für das gesuchte Mordmotiv und die Versicherungsnummer braucht es die vorherigen Rätsel des Kapitels. Gesucht sind drei Ziffern, die gemeinsam die Versicherungsnummer und die Seitenzahl des Kapitelendes ergeben.	
23 Die seltsamen Symbole sind aus jeweils einem Buchstaben zusammengesetzt.	**24** Zählen und sortieren!	**25** Jeder Pfeil steht für ein Kästchen / ein Schritt in die angegebene Richtung. Einfach nachzeichnen!
26 Die Stricknadeln im Logo weisen auf zwei bestimmte Buchstaben im unteren Buchstabenkreis.	**27** Das Wichtigste sollte man stets ZUERST nennen.	**28** Am besten macht man sich eine kleine Skizze und trägt die Positionen der weißen Punkte ein. Was für ein Symbol kann man erkennen, wenn alle Dominosteine um 180 Grad gedreht wurden?
29 Folge dem Muster und sortiere die Ziffern!	**30** Zahlen = Position im Alphabet. Positionswechsel. Dominosteine um 180 Grad drehen.	**31** Das Muster der Tagesdecke muss auf die Nachricht übertragen werden.
32 Kopf zur Seite! Punkte verbinden! Weg der Pfeile nachzeichnen!	**33** Ein Schwiegervater ist der Vater des Ehemanns / der Ehefrau.	**34** Die Verstecke sind extra groß gedruckt!
35 Das Symbol mit den zwei Strichen und zwei Pfeilen deutet an, dass man jeweils zwei Buchstaben tauschen muss.	**36** Kürze die Beschreibung! Schreibe DANGER in der Buchstabenwolke!	**37** Die kleinen Zahlen geben die Position des Buchstabens im Lösungswort an.
38 Die Beschreibung spielt auf das Ziffernblatt einer Uhr an.	**39** Einmal den Kopf (oder das Buch) um 90 Grad zur Seite neigen.	**40** Man muss die Punkte entsprechend der Pfeilanweisungen verbinden.
41 Das Alphabet hat 26 Buchstaben.	**42** Der zweite Satz liefert drei Worteile, die zusammen das gesuchte Gift ergeben. Danach heißt es: Finde die versteckte Zahl und die Kreuzungspunkte der Reimwörter.	**43** Was reimt sich auf HAT? Und was auf SPOON?

CASE FILES
HINWEISE UND LÖSUNGEN

44 Das Wort LOCKSMITH bildet in der Buchstabenwolke ein Symbol.	**45** Der Anfang jeder Zeile ist die 1.	**46** Das gesuchte zweite Wort ist inzwischen auch im deutschen Sprachgebrauch und ist eine Kurzform für elektronische Post.
47 Dreht man das Buch um 90 Grad nach links erkennt man, dass die Symbole auf der kaputten Trage in der Negativfläche Buchstaben bilden und der Name des Besitzers zu lesen ist: GRANT	**48** "many original notes earned yearly": MONEY - he killed for MONEY. Das Mordmotiv war also Habgier. Schreibt man DANGER in der Wortwolke, ergibt sich die Zahl 5. Das Finale des Kapitels ist auf Seite 135.	
49 Wendet man die Rätselmechaniken des Kapitels an, ergibt sich die Botschaft, die der Dreamer empfangen hat: "Search for the STONES. 136 steps from the house." Das Finale des Kapitels ist auf Seite 136.		**50** Verbindet man die Buchstaben des Wortes LOCKSMITH in der Buchstabenwolke der Reihenfolge nach, ergibt sich ein Pfeil nach links. Im Vogelhäuschen ist der Hausschlüssel versteckt!
51 Die Stricknadeln des Logos weisen auf die beiden Buchstaben "M" und "G" im Buchstabenkreis. Die Initialen des Besitzers lauten also MG.	**52** The opposite of white: BLACK. Another word for letters delivered by the post office: MAIL. Lösung: BLACKMAIL. Der Tote hat seine Geliebte also erpresst.	

53 Zeichnet man den Weg nach, den die Pfeile angeben, entstehen zwei Zahlen. Jeder Pfeil steht für ein Schritt in die angegebene Richtung. Die obere Zeile bildet die Zahl 1. Die untere Zeile bildet die Zahl 4. Das gesuchte Paket hat also die Paketnummer 14.

54 15-14-5: ONE, HTERE: THREE, die weißen Punkte der Dominosteine bilden nach einer 180-Grad-Drehung eine 2. Die gesuchte Raumnummer lautet: 132. Das Finale des Kapitels ist auf Seite 132. Außerdem fällt beim Vergleich der Strichliste mit der aktuellen Gästeanzahl auf, dass 16 Gäste verschwunden sind ...

55 Liest man die Buchstaben der Nachricht in der Reihenfolge, die das Muster angibt, ergibt sich die Botschaft: HIDDEN IN THE LIBRARY. Sortiert man die Ziffern nach ihrer Häufigkeit, erhält man die Buchnummer: 139. Das Finale des Kapitel ist auf Seite 139.

56 Die Anzahl der Buchstaben, aus denen das einzelne Symbol aufgebaut ist, gibt die Position des Buchstabens im Lösungswort an. Das "R"-Symbol besteht aus sechs "R". Also muss der Buchstabe R an die 6. Position. Lösung: DOCTOR	**57** Dreht man alle Dominosteine um 180 Grad, bilden die weißen Punkte ein HERZ. Simon muss sich also ein Herz fassen, um den anderen zu erzählen, woran er denkt.
58 Die Zahlen beziehen sich auf die Position der Buchstaben im Alphabet. A=1, B=2, C=3, etc. Das Lösungswort lautet MISSING. Die Polizei sucht also nach einem vermissten Mann.	**59** Die Zahlen beziehen sich auf einen Buchstaben in der jeweiligen Zeile. Die Zahl gibt die Position in der Zeile an. Die "4" in der ersten Zeile steht also für den vierten Buchstaben in dieser Zeile: E. So erhält man das Wort, das Agatha nicht vor der älteren Vermieterin aussprechen möchte: EXHUMATION

CASE FILES
HINWEISE UND LÖSUNGEN

60 Jeder Pfeil gibt einen Strich von einem Punkt zu einem anderen an. Hat man alle Verbindungen gezogen, ergibt sich der gesuchte Name des Portraitierten: DUKE OF SUTHERLAND

61 teARS, evENIng, Coldness = ARSENIC. In bone steckt ONE. Es reimen sich: HOUSE - MOUSE, CHAIR - BEAR, BOAT - GOAT, TREE - BEE. Die Kreuzungspunkte markieren 3 und 0. Es waren 130 mg Arsen, die Mr. L'Angelier schließlich umgebracht haben. Das Finale des Kapitels ist auf Seite 130.

62 Mit der Beschreibung ist das Ziffernblatt einer Uhr gemeint. Wenn das Wäldchen die 12 ist und das Haupthaus die 6, soll man an der Position der 3 suchen: Gemeint ist das kleine Häuschen mit dem gelben Dach, das Eishaus.

63 Die Person, deren Vater der Schwiegervater von Mrs Pritchards Vater ist, ist die Mutter von Mrs Pritchard.

64 In den großgedruckten Wörtern WEIGHT, NETWORK und MONEY sind die Zahlenwörter EIGHT, TWO und ONE versteckt. Der gesuchte Zahlencode lautet also 821.

65 Liest man die Buchstaben der Nachricht in der Reihenfolge, die das Muster der Tagesdecke angibt, ergibt sich die Botschaft: CHECK THE DRAWER. Agatha muss also in der Schublade nochmal genauer suchen.

66 Immer zwei Buchstaben in der kryptischen Buchstabenfolge müssen getauscht werden. Aus OJ wird JO, aus NH wird HN. Wendet man den Positionswechsel auf alle Buchstaben an, ergeben sich die Namen der Männer, die für ihre Lieferung gerade bezahlt wurden: JOHN & WILLIAM

67 Die Reimwörter sind: CAT - HAT und SPOON - MOON. Verbindet man die sich reimenden Objekte erhält man ein Kreuz am mittleren Brett am Kopfende des Bettes. Hier ist das gesuchte Versteck!

68 Die Körperteile sind: MOUTH, NOSE, SHOULDER, FINGER, KNEE. Das Lösungswort lautet: FERGUSSON

69 Nimmt man nur die Anfangsbuchstaben der Beschreibung, ergibt sich der Name des Mannes. Sensational Coordinator Of The Trip: SCOTT

70 Sehr gut! Du hast das Hinweis- und Lösungssystem gemeistert. Jetzt kannst du dich in die Ermittlungen stürzen!

Author's Notes

Fakt oder Fiktion? Wer sich das gefragt hat, dem sei die grobe Antwort gegeben: Die Kriminalfälle dieses Bandes basieren weitgehend auf Fakten – die Rahmenhandlung um Lady Agatha Sinclair, ihren Neffen Archie und seinen Kollegen Simon Kelly ist allerdings frei erfunden, wenngleich sie in realen Einrichtungen wie der Royal Academy of Medicine in Edinburgh unterwegs sind oder – in den letzten beiden Fällen – mit historischen Persönlichkeiten wie Henry Littlejohn und Joseph Bell zusammenarbeiten. Als Autorin von Schauergeschichten ist Lady Agatha ganz Kind ihrer Zeit. Das 19. Jahrhundert brachte neben Frankenstein und Dracula jede Menge „Gothic Fiction" hervor. Doch nicht nur düstere Fantasy war auf dem Vormarsch, auch die Wissenschaft – in Schottland speziell die technische und medizinische Forschung, und bei letzterer haben Archie und Simon den Finger am Puls der Zeit, wie schon im ersten Fall deutlich wird.

RESURRECTION MEN

Die rasant gestiegene Nachfrage nach frischen Leichen, die dem Fall der Mörder Burke und Hare zugrunde liegt, war ein ernstes Problem. William Burke und William Hare ermordeten 1828 im Lauf von zehn Monaten 16 Personen, und sie hätten mit Sicherheit nicht aufgehört, wäre ihnen nicht Ann Gray auf der Suche nach ihren Strümpfen zum Verhängnis geworden, sowie die Aufmerksamkeit, die das Verschwinden von James Wilson, ‚Daft Jamie', hervorrief. Während Ann die Polizei alarmierte, schaffte Burke die Leiche in einer Teekiste fort – in meiner Version der Geschichte stößt er dabei inkognito mit Lady Agatha zusammen. Die Morde wurden nicht alle in der Pension ‚Log's Lodging' verübt, die Hare mit seiner Frau betrieb. Hier habe ich der Übersichtlichkeit zuliebe vereinfacht. Auch das Personal von Knoxes School of Anatomy habe ich reduziert – besonders um einen Assistenten, der den Nachnamen der verschwundenen Mary Paterson teilte. Dass Knox die Leiche von Paterson längere Zeit aufbewahrte, beweisen erhaltene Skizzen von Studenten sowie des Künstlers John Oliphant.

The Dreamer

Für den Mord an dem Hausierer Murdo Grant haben wir Agatha und Archie in ein fiktives Landhaus namens Assynt House einquartiert, in der Region Assynt nahe der Ortschaft Drumbeg ganz im Nordwesten der schottischen Highlands. Ein paar der Orte, in denen sich die Handlung im Jahr 1830 zutrug, gibt es heute nicht mehr – ein Grund dafür war sicherlich die in der Geschichte beschriebene Politik des Earl of Sutherland. Dass der Mord in dieser abgelegenen Gegend, in der es noch keine Polizei im eigentlichen Sinne gab, aufgeklärt werden konnte, lag natürlich nicht an Archie und Agatha, sondern am örtlichen Pfarrer, der misstrauisch wurde und den sehr realen Sheriff Hugh Lumsden hinzuzog, der gewissenhafte Aufklärungsarbeit leistete. Diese hätte auch beinahe zur Verurteilung Macleods gereicht, den endgültigen Ausschlag gab aber tatsächlich die auf second sight beruhende Aussage von „Kenneth, the Dreamer" (der in manchen Quellen Fraser, in manchen Mackenzie heißt). Dies war das erste und einzige Mal, dass übernatürliche Visionen in einem schottischen Gericht als Beweismittel zugelassen wurden.

Fatal Attraction

Madeleine Smith sah sich zweifellos in einer Zwangslage zwischen den moralischen Erwartungen ihrer Familie und der Gesellschaftsschicht, in der sie lebte, und dem Drängen des viel älteren Mannes, mit dem sie eine Liebschaft eingegangen war und der sie nun mit ihren expliziten Briefen erpresste. Wir kennen heute nur Madeleines Seite der Korrespondenz, da von Emiles Briefen an sie nur wenige erhalten sind, doch es ist möglich, aus ihren Reaktionen herauszulesen, wie sehr er sie emotional unter Druck setzte. Einen Mord rechtfertigt das sicherlich nicht, doch brachte es ihr bestimmt Sympathien der Jury ein, die im Mordprozess zu ihren Gunsten entschied. Entscheidend für den Freispruch waren Zeugenaussagen, L'Angelier habe vor seinem Tod von Suizid gesprochen, und die Tatsache, dass viele von Madeleines Briefen undatiert waren und so die genaue Entwicklung nicht mehr nachvollziehbar war. Die Briefauszüge in unserem Fall sind – abgesehen von wenigen sprachlichen Vereinfachungen – Madeleines Korrespondenz entnommen.

OPEN SEASON

Dieser Fall ging als Ardlamont Mystery in die Annalen der schottischen Justiz ein: ein eigentlich geklärter Mord, der aufgrund des Gerichtsurteils als ungeklärt gilt. Es gibt wenig Zweifel daran, dass Alfred Monson seinen Schützling Cecil Hambrough ermordete, um mit Hilfe der kurz zuvor abgeschlossenen Lebensversicherung an schnelles Geld zu kommen. 1933 schrieb Robert Churchill, der jahrzehntelang führende Schusswaffenexperte Schottlands, nachdem er das Protokoll der Verhandlung durchgearbeitet hatte: „Das ist spannender als alles, was Edgar Wallace je geschrieben hat ... Die Beweise sind zu hundert Prozent für einen Schuldspruch gut, die Jury war entweder blind oder nett." Zeitlich ist dieser Fall unser einziger Ausreißer: Der Mord ereignete sich 1893, da wären Agatha und Archie seit ihrem ersten Fall 65 Jahre gealtert – wir haben ihn daher etwa 25 Jahre vorverlegt. Die Ermittlungen liefen ebenfalls weniger spektakulär ab: Die Leiche wurde nie im Eishaus gelagert. Nach dem angeblichen Unfall hatte ein Mitarbeiter des procurator fiscal den Todesfall als ebensolchen eingestuft. Erst als Versicherungsdetektive von gleich zwei Versicherungen bei der Staatsanwaltschaft vorsprachen, wurden die Behörden hellhörig und nahmen Monson ins Visier.

THE CROCODILE

Dr Pritchard wäre mit den Morden an seiner Schwiegermutter und Ehefrau im Jahr 1865 beinahe davongekommen, wäre nicht ein anonymer Brief bei den Behörden eingegangen, der diese zur Exhumierung der Leichen und damit zur Entdeckung von Antimon in den sterblichen Überresten veranlasst hätte. Die Beteiligung von Agatha ermöglicht uns hier einen Einblick in den Haushalt des Arztes, der eine deutlich narzisstische Persönlichkeit aufwies. Als gewohnheitsmäßiger Lügner erzählte er oft Geschichten, die ebenso unglaublich wie unglaubwürdig waren – den Stock mit der angeblichen Widmung von Giuseppe Garibaldi soll er selbst in Auftrag gegeben haben. Oft führte er Fotografien seiner selbst mit sich, die er unverlangt überreichte, und er beutete die aus, die ihm ausgeliefert waren: das minderjährige Hausmädchen Mary MacLeod etwa, das er über Jahre missbrauchte und zur Abtreibung zwang. Es wird auch vermutet, dass Pritchard Jahre zuvor ein weiteres Dienstmädchen der Familie ermordet und zur Vertuschung einen Brand gelegt hatte. Möglicherweise kam der Brief, der zu Pritchards Überführung führte, von Dr Paterson, dem Arzt, der sowohl den Tod der Schwiegermutter als auch den von Mrs Pritchard feststellte, sich aber weigerte, die Totenscheine zu unterschreiben. Weshalb Paterson die Behörden trotz seines Verdachts nicht früher oder direkter informiert hat, ist nach wie vor unklar.

Alphabetische Wortliste

A

abject	äußerste(r/s)
abundant	üppig
accident	Unfall
accidental	unbeabsichtigt; Unfall-
to accompany	begleiten
accomplice	Komplize, Komplizin
aconite	Aconitum (Giftpflanze Eisenhut)
activity	Aktivität
to add	hinzufügen
addition	Ergänzung
adventure	Abenteuer
affair	heimliche Beziehung, Affäre
afterwards	danach
against	gegen
to agree	zustimmen, sich einig sein
agreeable	angenehm
ahead	vor
alive	am Leben
all but bankrupt	so gut wie bankrott
to allow sb to do sth	jdn erlauben etwas zu tun
alone	allein
already	schon
ambitious	ehrgeizig
ambrotype	Ambrotypie
among	unter
anatomist	Anatom/in
anatomy	Anatomie; anatomisches Institut
ancestor	Vorfahre, Vorfahrin
annoyed	verärgert
annuity	Leibrente
anonymous	anonym
to answer	beantworten
to answer the door	die Tür öffnen
antimony	Antimon (chem. Element)
anybody else	andere
anything else	(sonst) noch etwas
anyway	sowieso
apart from	außer
appearance	Aussehen
to approve	etw gutheißen
approx.	ca.
apron	Schürze
architect	Architekt/in
around	in der Gegend
arrogant	arrogant
arsenic	Arsen
article	Artikel
as time goes by	im Laufe der Zeit
as well as	ebenso (gut) wie
to assist	assistieren
assistance	Hilfe, Unterstützung
at home	zu Hause
at least	zumindest
attracted	angezogen
attraction	Anziehungskraft
aunt, auntie	Tante
autopsy table	Sektionstisch
to avoid	meiden
awake	wach
aye	regional: ja

B

banking	Bankgeschäft
barely	kaum
basics	Grundlagen
bay	Bucht
to be a good match	gut zusammenpassen
to be all for sth	etw befürworten
to be all over sb	um jdn herumscharwenzeln
to be allowed to do sth	etw tun dürfen
to be better off	besser dran sein
to be lucky	Glück haben
to be mixed up in sth	in etw verstrickt sein
to be obliged to do sth	gezwungen sein, etw zu tun
to be out drinking	unterwegs sein und Alkohol trinken
to be present	anwesend sein
bearable	erträglich
to beat	schlagen
beautiful	schön
to become	werden
before bed	vor dem Schlafengehen
to believe	glauben
to belong to sb	jdm gehören
beloved	geliebte/r/s
below-average	unterdurchschnittlich

CASE FILES
WORTLISTE

	beneficiary	Begünstigte/r	
	beside	neben	
to	bet	wetten	
	bird of prey	Raubvogel	
	birthday	Geburtstag	
	bitter almond	Bittermandel	
	blackmail	Erpressung	
to	blackmail sb	jmd erpressen	
	bleak	trostlos	
	bloodthirsty	blutdürstig	
	bloody	blutig	
	boarding school	Internat	
	body	Körper; Leiche	
	body snatchers	Leichenräuber	
	bone	Knochen	
	book of residents	Gästebuch	
	bookmaker	Buchmacher/in	
	box	Schachtel, Kiste	
	brass brush	Drahtbürste	
to	break	brechen	
to	breathe	atmen	
	bright	intelligent; vielversprechend	
	burglar	Einbrecher/in	
	burglary	Einbruch	
	burial	Beerdigung	
	buried	begraben	
to	bury	beerdigen, begraben	
	business	Geschäft	
	by accident	versehentlich	
	by myself	allein	

C

	callous	abgebrüht
	callus	Hornhaut
to	calm down	sich beruhigen
	capacity	Eigenschaft
	carriage	Kutsche
to	carry a gun	eine Waffe tragen
	cart	Karren
	case	Fall
to	catch	fangen
to	catch sb	jdn erwischen
to	cause sb to do sth	jmd dazu bringen, etw zu tun
a	certain lady	eine bestimmte Dame
	chance	Möglichkeit, Chance
	change	Veränderung, Wandel
to	change	wechseln, tauschn
to	change one's mind	seine Meinung ändern
	chaos	Chaos
	characteristics	Eigenschaften
	charge	Anschuldigung, Anklage
to	cheat	täuschen, betrügen
	cheers	zum Wohl
	chemical	chemisch

	chest	Brust
	china	Porzellan; Geschirr
	christening	Taufe
	Christmas card	Weihnachtsgrußkarte
	cinder gatherer	Müllsammler/in
	circle	Kreis
to	claim	behaupten
	cleanliness	Reinlichkeit
	clear as day	glasklar
to	clear the land	roden, hier: räumen
to	clear the table	abräumen
	clerk	Büroangestellte/r
	clever	schlau
	cloth	Stoff
	clue	Hinweis
	clumsy	ungeschickt
	coachman	Kutscher
	coal mine	Kohlemine
	cocoa	Kakao
	coffee	Kaffee
	coffin	Sarg
	coincidence	Zufall
	cold	Kälte
	cold room	Kühlraum
	cold-blooded	kaltblütig
to	collect	hier: einstreichen
	colour	Farbe
	colourful	bunt
	colourless	farblos
to	come along	hier: auftauchen
to	come around	hier: zu sich kommen
to	come over	herüberkommen
to	come up	vorkommen, auftauchen
to	command	kommandieren
to	command sb to do sth	jdm befehlen etw zu tun
to	complain	sich beschweren
	complete stranger	ganz und gar Fremde/r
	complex	komplex
	confident	selbstbewusst
	conscious	bei Bewusstsein
	consent	Zustimmung
to	consider sb as sth	jmd als etw ansehen
	constable	Polizeiwachtmeister/in
	constant	ständig
	consulate	Konsulat
to	contain	enthalten
	contrast	Gegensatz
	coordinator	Koordinator/in
	corner	Ecke
	corpse	Leiche
	correspondence	Korrespondenz, Briefverkehr
	couple of	paar
a	couple of days	ein paar Tage
	course	Kurs

Auflösung

Schon bald wird Madeleine in Rowaleyn im großen Landanwesen der Smiths aufgegriffen. Aus tränenverhangenen Augen sieht sie die Polizisten an. „**I thought someone might get the idea that I was the one to blame for Emile's death!**", stößt sie hervor. „**Are you the one to blame?**", fragt Inspector Ogilvy. „**Have you killed him?**" „**No, I haven't**", schüttelt Madeleine energisch den Kopf. Bei dieser Aussage blieb sie, auch wenn der Prozess zeigte, dass sie mehrmals Arsen in Apotheken gekauft hatte, stets kurz bevor Emile eine Krankheitsepisode durchlitt. Ein später aufgetauchtes Tagebuch von Emile L'Angelier belegte die Daten, die zu den Giftkäufen passten. Trotz alledem gelang Madeleine Smith, was nur wenigen gelang: Sie verließ den Gerichtssaal als freie Frau. Wohlgemerkt nicht, weil die Jury sie für unschuldig hielt – sie hielt lediglich die Beweislage für unzureichend. Das schottische Gesetz sah damals – im Gegensatz zum englischen – neben den Urteilen „guilty" und „not guilty" auch ein „not proven" (vergleichbar „aus Mangel an Beweisen") vor, und mit diesem Urteil kam „Mimi" davon. Es mag auch daran gelegen haben, dass die Sympathien der Jury und des Publikums durchaus bei der jungen Frau lagen, die von ihrem Opfer mit den intimen Briefen erpresst worden war. Die Ehe mit Mr Minnoch kam nicht zustande, doch Madeleines Leben war noch lange nicht zuende: Drei Jahre nach dem Prozess heiratete sie in London den Zeichner George Wardle, der für den Künstler William Morris arbeitete und Madeleine in die Künstlerszene Londons einführte, wo sie unter anderem George Bernard Shaw kennenlernte. Dieser schrieb, es sei „nothing sinister" – gar nichts Finsteres – an ihr. Nachdem George 1910 an Krebs gestorben war, folgte Madeleine ihrem inzwischen erwachsenen Sohn Thomas in die USA und heiratete dort William Sheehy, mit dem sie als Lena Wardle Sheehy ein unerkanntes Dasein genoss. Nur einmal wäre sie beinahe nochmal das Opfer einer Erpressung geworden: Ein Hollywoodstudio wollte ihre Mitwirkung an einem Film über ihren berühmten Prozess. Sie weigerte sich, worauf man ihr drohte, sie bei der Einwanderungsbehörde anzuzeigen und nach Schottland zurückschicken zu lassen. Die Drohungen waren fruchtlos, da Lena legal verheiratet und finanziell unabhängig war, und sie blieb unbehelligt, bis sie im Jahr 1928 im Staat New York starb.

CASE FILES
WORTLISTE

court of law	Gericht
crazy	verrückt
creation	hier: Erstellung
crime	Kriminalität; Straftat
criminal	Kriminelle/r
crocodile	Krokodil
crocodile tears	Krokodilstränen
crystal	Kristalle
cup of tea	Tasse Tee
curious	neugierig
cyanide	Zyanid, Blausäure

D

daft	dumm
damaged	beschädigt
damsel	veraltet: junge Frau
dangerous	gefährlich
dapper	adrett
dark	hier: finster
a day out	Tagesausflug
to deal with sb	mit jdm Geschäfte machen; mit jdm umgehen
dearly beloved	sehr geliebt
death	Tod
death certificate	Sterbeurkunde
decade	Jahrzehnt
decay	Zerfall
deceased	verstorben
deduction	Schlussfolgerung
deeply troubled	stark beunruhigt
deeply worried	sehr besorgt
deer	Hirsch
to defend	verteidigen
definitely	definitiv
degree	Grad
dense brush	dichtes Unterholz
to depart	weggehen
departed	verstorben
to desert	desertieren
deserter	Deserteur/in
desk	Schreibtisch
detail	Detail
to die	sterben
to die of old age	an Altersschwäche sterben
to dig sb up	jmd ausgraben
to dig up	ausgraben
dinner	Essen, Abendessen
to disappear	verschwinden
disappearance	Verschwinden
discreet	diskret
to dissect	obduzieren
dissection	Sezierung, Sektion
dissection theatre	Anatomisches Theater
to disturb	durcheinander bringen
to do sb good	jdm guttun
to do the job	den Zweck erfüllen
don't look at me like that	schau mich nicht so an
dozens of	Dutzende
to drag	ziehen, zerren
dram	Schluck Whisky
drawer	Schublade
to dream	träumen
dress	hier: Kleidung
drinking companion	Saufkumpan
to drive sb mad	jdn verrückt machen
to drown	ertrinken; ertränken
drowning	Ertrinken
drunk	betrunken
dubious ways	zweifelhafte Methoden
duke	Herzog

E

to earn	verdienen
education	Erziehung
elderly	betagt, schon älter
eldest	älteste/r/s
elevenses	Snackpause um elf Uhr
elsewhere	anderswo
to embroider	besticken
enchanted	bezaubert, begeistert
to end sth	etw beenden
to end up	enden
energetic	voller Energie
engaged	verlobt
engagement	Verlobung
engineer	Ingenieur/in
engineering	Ingenieurskunst
to enjoy	genießen
enlightening	erhellend
enough	genug
entirely	voll und ganz
to escape	entkommen
estate	Anwesen
ever	jemals
ever since	seither
everlasting	immerwährend
every single	jedes einzelne
examination	Untersuchung
excellent	hervorragend
exciting	spannend
to exclude	ausschließen
exclusively	ausschließlich, für sich allein
execution	Hinrichtung
exhumation	Exhumierung
exotic	exotisch
expense	Ausgabe
extraordinary	außergewöhnlich
extreme	extrem

Auflösung

"Yes, that is Madgy Docherty", ruft die Frau, die sich zwischenzeitlich als Ann Gray vorgestellt hat, aus, als sie gemeinsam mit der Polizei, Simon, Agatha und Archie den Sektionsraum der Barclay School of Anatomy betritt. Dort sind gerade die Assistenten Fergusson und Patterson damit beschäftigt, die Leiche für die Sektion durch Studenten vorzubereiten. Wenig später ist der Fall geklärt: William Burke und William Hare, der mit seiner Frau das Log's Lodging House betrieb, verbargen sich hinter „John und William", die Knox so zuverlässig mit frischen Leichen versorgten. Durch einen Zufall – einer der Hausgäste war im Bett gestorben – waren die beiden auf die Idee gekommen, den Körper an die Anatomie zu verkaufen, um damit die säumige Miete auszugleichen. Der unerwartet hohe Gewinn von über 7 Pfund ließ eine Geschäftsidee entstehen: Insgesamt 16 Personen ermordeten die beiden Iren gemeinsam: Während sich einer der beiden auf den Brustkorb des Opfers setzte oder kniete, um die Atmung zu unterdrücken, hielt der andere Nase und Mund zu, bis der Tod eintrat. Die erfolgreiche, da vergleichsweise spurlose Methode, wurde als „Burking" bekannt. Zu Fall kamen die beiden Mörder schließlich durch den Mord an Jamie Wilson, dessen Bekannt- und Beliebtheit sie unterschätzt hatten, und durch Ann Gray, die mit ihrem Mann James ebenfalls als Lodger in der Mordwohnung untergekommen war und auf der Suche nach einem verlorenen Strumpf die Leiche von Madgy Docherty unter dem Bett sah. Während ihr Mann James noch zögerte, stürmte Ann los, um die Polizei zu informieren, obwohl Margaret Hare den beiden die stolze Summe von 10 Pfund pro Woche für ihr Schweigen bot.

William Burke wurde für die Morde schließlich verurteilt, hingerichtet und seziert. Sein Skelett und ein Buch, das mit Leder aus seiner Haut gebunden ist, sind heute im anatomischen Museum der Universität Edinburgh zu sehen. William Hare ging als Kronzeuge straffrei aus. Was aus ihm wurde, ist nicht bekannt. Robert Knox schließlich, der Abnehmer der Leichen, blieb ebenfalls straffrei, wenn auch ein wütender Mob ihm die Fenster einschlug. Im weiteren Verlauf seiner Karriere verfasste Knox rassistische Thesen, in denen er von einer überlegenen angelsächsischen Rasse fantasierte. Ein neues Gesetz, der Anatomy Act von 1832, erleichterte in der Folge den Zugang zu Leichen für die medizinische Ausbildung, indem es den Zugriff auf Tote aus Armenhäusern und Gefängnissen ermöglichte.

CASE FILES
WORTLISTE

F

to fall asleep	einschlafen	
familiar	bekannt	
fancy	schick, ausgefallen	
farm hand	Landarbeiter/in	
fatal	schicksalsträchtig; tödlich	
father-in-law	Schwiegervater	
fault	Fehler	
favourite	Lieblings-	
fence	Zaun	
to fetch	holen	
fiancée	Verlobte	
figure	Figur	
to find out	herausfinden	
to fire	abfeuern	
fire poker	Schürhaken	
fisherman	Fischer	
fist	Faust	
flat	Wohnung	
flattering	schmeichelhaft	
flower	Blume	
flyer	Flugblatt	
to fool sb	jdn hinters Licht führen	
for fear	aus Angst	
for sale	zu verkaufen	
for sb's sake	jmd zuliebe	
forest	Wald	
to forget	vergessen	
forgive me for saying this	verzeihen Sie, wenn ich das sage	
a fortnight	zwei Wochen	
fortunate	hier: ein Glück	
fortune	Vermögen	
French	Französisch	
Frenchman	Franzose	
fresh	frisch, neu	
a friend of mine	ein Freund / eine Freundin von mir	
friendly	freundlich	
from time to time	ab und zu	
full moon	Vollmond	
full of energy	voller Energie	
funeral	Beerdigung	
funeral home	Bestattungsinstitut	
furniture	Möbel	

G

Gaelic	gälisch
gain	hier: Bereicherung
gallows	Galgen
to gamble	Glücksspiele spielen
to gamble away	verspielen
gamekeeper	Wildhüter/in
gardener	Gärtner/in
Gen (General)	General
generous	großzügig, üppig

to get a court case	einen Fall vor Gericht bringen
to get a hold of sb	jdn erreichen
to get along	gut zurechtkommen
to get away	entkommen
to get carried away	es übertreiben
to get in touch with sb	sich mit jdm in Verbindung setzen
to get sb	jdn rufen, holen
to get the feeling	das Gefühl bekommen
to get through	überstehen
to get well	gesund werden
ghost	Geist
glad	froh
Glaswegian	Bewohner/in von Glasgow
to glimpse	erspähen
glorious	herrlich
to go by	genannt werden
to go missing	verschwinden
gone	weg, verschwunden
good company	angenehme Gesellschaft
good-for-nothing	Taugenichts
to gossip	tratschen
grateful	dankbar
grave	Grab
graverobber	Grabräuber/in
graveyard	Friedhof
a great chap	ein guter Kerl
greed	Gier
to greet sb	jdn begrüßen
gruel	Grütze, Haferschleim
gruesome	furchtbar
gruesome tale	schaurige Geschichte
to guarantee	garantieren
guard	Wächter/in
guest	Gast
gun	Schusswaffe
gun powder residue	Schießpulverrückstand

H

halfway	hier: mitten in
hamlet	Weiler
handkerchief	Taschentuch
handsome	hübsch
hanged	erhängt, gehenkt
to happen	passieren
happenings	Geschehnisse
hard	hart
hardly	kaum
to have a good time	Spaß haben
to have a look at sth	sich etw anschauen
to have dinner	Abend essen
to have good reason to do sth	guten Grund haben, etw zu tun
to have good taste	Geschmack haben

CASE FILES
WORTLISTE

to have it tested	es testen lassen
to have money spare	Geld übrig haben
to have second sight	hellsehen können
headache	Kopfschmerzen
to heal	heilen
health	Gesundheit
heaven	Himmel
heavy	schwer
to help out	aushelfen
hidden	versteckt
Highland regiment	Regiment aus den schottischen Highlands
hint	Hinweis; hier: Spur
to hire sb	jdn anstellen
to hit sb	jdn schlagen
honest	ehrlich
honour	Ehre
hot-water bottle	Wärmflasche
household	Haushalt
household goods	Haushaltswaren
hunt	Jagd
hunter	Jäger/in
hunting	Jagd
husband	Ehemann

I

I shall	veraltet: ich werde
I trust	hier: ich bin sicher
I'd be on my way	ich hätte mich auf den Weg gemacht
I'd have bought	hätte ich gekauft
I'm afraid	fürchte ich
idea	Idee
if you please	sei so freundlich
ill	krank
illegal	illegal
illicit	verboten
illness	Krankheit
imagination	Fantasie, Vorstellung
important	wichtig
in a way	auf gewisse Art
in all weathers	bei jedem Wetter
in deep distress	stark beunruhigt
in love	verliebt
in secret	im Geheimen
in service	hier: in Anstellung (als Dienstmädchen)
in that case	in diesem Fall
in that sense	im eigentlichen Sinn
in trouble	in Schwierigkeiten
inappropriate	unangemessen
income	Einkommen
to increase	steigern, erhöhen
incredible	unglaublich
indeed	tatsächlich
infatuated	vernarrt

inhabitant	Bewohner/in
to inherit	erben
inheritance	Erbe
innocent	unschuldig
inside out	auf links gedreht
inspector	Inspektor
inspiration	Inspiration
instruments	hier: Präparationsbesteck
insurance broker	Versicherungsmakler/in
insurance company	Versicherungsunternehmen
to insure	versichern
intense	intensiv, heftig
interest	Interesse
intriguing	faszinierend
to introduce sb	jdn vorstellen
to intrude	eindringen, stören
investigation	Ermittlung
investor	Investor/in
to invite	einladen
to invite sb	jdn einladen
Irish	irisch, aus Irland
irresistible	unwiderstehlich
irresponsible	verantwortungslos
it can't be helped	man kann nichts machen
it's about	es geht um
it's a pity	es ist schade
it's time that I went	es ist Zeit für mich zu gehen
ivy	Efeu

J

to join sb	jdm Gesellschaft leisten
juicy	pikant
just the place	genau der richtige Ort

K

to keep	festhalten, notieren; führen; halten; sich halten
to keep around	hier: herumliegen haben
kettle	Teekessel
kidney	Niere
to kill sb	jdn umbringen
kitchen	Küche
to knock sth over	etw umstoßen

L

laboratory	Labor
lad	junger Mann
lake	See
landlady	Vermieterin

Auflösung

Mit allem, was die Forensik des späten 19. Jahrhunderts aufzubieten hatte, konnten Bell, Littlejohn und ihre Kollegen aus Glasgow eigentlich zweifelsfrei belegen, dass Monson den Mord an Cecil Hambrough begangen hatte. Viele der verwendeten Techniken und Ansätze waren ihrer Zeit voraus, was dazu führte, dass Monsons Schuld, wenngleich aus heutiger Sicht logisch und überzeugend von der Anklage argumentiert, damals von der Jury in Zweifel gezogen wurde. Zu abgehoben und esoterisch erschienen den Juroren im Gerichtssaal die neumodisch-wissenschaftlichen Beweise, die auf Ballistik, Anatomie und anderen Verfahren beruhten, die für Laien noch völlig unbekannt waren. Zum großen Schock für Cecil Hambroughs Familie – und für die Forensiker – wurde Monson mit dem Urteil **„not proven"** (*nicht bewiesen*) auf freien Fuß gesetzt. Dass es weniger ein Mangel an Beweisen als ein Mangel an Verständnis für die Beweise war, änderte nichts am Ergebnis. Monsons Komplize, der weder Scott hieß, noch wirklich Ingenieur war, blieb verschwunden. Viel ist nicht über Monsons weiteres Leben bekannt, aber fünf Jahre später saß er wegen Betrugs im Gefängnis. Sorgenfrei und reich wurde er wohl nie. Da war einerseits Cecils Familie, die jährlich per Zeitungsannonce dafür sorgte, dass man die Schandtat nicht vergaß:

Sacred to the memory of Cecil Dudley Hambrough, shot in a wood near Ardlamont, August 10th, 1893. ‚Vengeance is mine, I will repay,' saith the Lord.
Im Gedenken an Cecil Dudley Hambrough, der am 10. August 1893 in einem Wald bei Ardlamont erschossen wurde. „Die Rache ist mein, ich werde vergelten", sagt der Herr.

Doch nicht nur Cecils Familie sorgte dafür, dass nicht vergessen wurde. Auch Madame Tussaud's Wachsfigurenkabinett trug seinen Teil dazu bei, indem man Monson samt Gewehr am Eingang zu dem Raum aufstellte, in dem berüchtigte Mörder ausgestellt waren. Monson, der scheinbar nicht anders konnte, versuchte auch daraus Kapital zu schlagen und strengte einen Verleumdungsprozess gegen das Wachsfigurenkabinett an. Dass er auch diesen Prozess gewann, half ihm, zumindest finanziell, nichts. Die Entschädigung, die man ihm zusprach, betrug einen Farthing – einen Viertel-Penny.

Auflösung

'The pack of the merchant is lying in a cairn of stones in a hole near their house', war die Botschaft der gälischen Stimme, die Kenneth gehört hatte. Kenneths Traum führt die Ermittler zu einer Stelle unweit unterhalb des Hauses. An einem Weg in Richtung Loch-tor-na-eigin steht ein Cairn, eine hoher Steinhaufen, wie er in den Highlands zur Markierung von Gräbern oder als Denkmal häufig anzutreffen ist. Dort, unter Steinen versteckt, finden sich die Waren und Taschen des getöteten Mannes. Als bei Hugh Macleod auch ein Paar Strümpfe des Opfers gefunden werden und er vor Gericht gestellt wird, gesteht er den Mord. Er hatte den Hausierer angegriffen, erschlagen und ihn daraufhin beraubt. Die Gerichtsverhandlung in Inverness im September 1830 sollte die erste sein, in der eine über „Second Sight" empfangene Vision als Beweis zugelassen wurde – es würde auch die einzige bleiben. Der Glaube an die speziell schottische Variante der Hellsichtigkeit war am Anfang des 19. Jahrhunderts noch recht stark, und auch heute hat er zahlreiche Anhänger. Kriminalisten vermuten im Mordfall Murdo (oder Murdoch) Grant allerdings, dass Kenneth Fraser, der Anfang April eine ausführliche Sauftour mit Hugh Macleod unternahm, etwas gesehen, gehört oder bemerkt hat. Die Traumerzählung ermöglichte es Kenneth, sein Gewissen zu erleichtern, ohne erklären zu müssen, warum er nicht früher die Polizei informiert hat. Gleichzeitig musste er sich nicht des Verrats schuldig fühlen – übernatürliche Kräfte hatten ihm schließlich die Aussage und Auflösung des Falles diktiert. Zusammen mit den Fundstücken reichte Kenneths Aussage, um Hugh Macleod zum Tode zu verurteilen. Im Gefängnis schrieb er ein ausführliches Geständnis und Briefe, in denen er um Vergebung bat. Kurz vor seinem Ende, am Galgen, wandte er sich an die Menge und mahnte sie, den Alkohol zu meiden: Were I to live for a hundred years, never would I put a glass to my mouth, and never would I hold a card in my hands, nor hold conversation with lewd women. (*Und wenn ich noch 100 Jahre lebte, niemals mehr würde ich ein Glas Whisky zu meinem Mund führen, und nie wieder würde ich eine Spielkarte in meiner Hand halten, oder eine Unterhaltung mit losen Frauen führen.*) Nach seiner Hinrichtung wurde sein Körper in Salz gepackt und nach Edinburgh gebracht, um dort am Anatomischen Institut seziert zu werden.

WORTSCHATZ

pack *Gepäck*
cairn *Steinhaufen, Cairn*

CASE FILES
WORTLISTE

landlord	Vermieter	
lass	regional: Mädchen	
last name	Nachname	
last time	letztes Mal	
late	verstorben	
lately	in letzter Zeit	
Latin	Latein	
laudanum	Laudanum	
to laugh at sb	jdn auslachen	
law	Gesetz	
to leave	verlassen, abfahren, weggehen	
to leave sth destroyed	etw zerstören	
lecture	Vorlesung	
legends and lore	Legenden und Überlieferungen	
leisure pursuits	Freizeitvergnügen	
let's say	sagen wir mal	
let's say	sagen wir mal	
letter	Brief; Buchstabe	
library	Bücherei	
to lie	liegen; lügen	
life insurance policy	Lebensversicherung	
likeable	liebenswert	
likely	wahrscheinlich	
likeness	Abbild	
lilac	fliederfarben	
list	Liste	
liver	Leber	
livestock	Vieh	
loads of	Unmengen	
local	örtlich	
local authorities	örtliche Behörden	
loch	regional: See	
to lock	abschließen	
lock	Schloss	
locket	Medaillon	
locksmith	Schlosser/in	
to lodge	als Untermieter wohnen	
lodger	Untermieter/in	
lodging house	Pension, Mietshaus	
logical	logisch	
lonely	einsam	
to look for sth	nach etw suchen	
to look into	untersuchen, nachforschen	
lost	verloren	
a lot of	viel	
love letter	Liebesbrief	
lower classes	Unterschicht	
lung	Lunge	

M

maid	Hausangestellte
to make official	offiziell machen
to make sense of sth	hier: etw entschlüsseln
to make sure	auf etw achten, sicherstellen
to make up for sth	für etwas entschädigen
to march in	hereinmarschieren
marriage	Ehe
to marry	heiraten
to marry into	hineinheiraten
to marry rich	reich heiraten
maybe	vielleicht
mayhem	Chaos, Durcheinander
medical student	Medizinstudent/in
member	Mitglied
member of the police force	Angehörige/r der Polizei
memory	Erinnerung; Gedächtnis
to mention	erwähnen
mercy	Gnade
message	Botschaft
messenger boy	Botenjunge
middle	Mitte
midnight	Mitternacht
military career	Militärkarriere
military man	Militärangehöriger
misery	Elend
to mislay sth	etw verlegen
missing	verschwunden
mistress	veraltet: Herrin
mistrust	Misstrauen
money	Geld
moon	Mond
morbid	morbide
most	hier: sehr
a mother's love	Mutterliebe
mother-in-law	Schwiegermutter
motive	Motiv
to mourn	betrauern
to move	umziehen; bewegen
murder	Mord
murder and mayhem	Mord und Totschlag
to murder sb	jdn ermorden
murderer	Mörder/in
mustard poultice	Senfwickel
mysterious	mysteriös
mystery	Geheimnis

N

narrowly	knapp
near	nah
neat	ordentlich, gepflegt
née	geborene
network	Netzwerk
never mind	egal
Never mind that.	Das ist egal.
news	Neuigkeiten
newspaper	Zeitung

CASE FILES
WORTLISTE

	next of kin	nächste/r Angehörige/r
	no idea	keine Ahnung
	no matter how	egal wie
	No offence.	Nichts für ungut.
	no wonder	kein Wunder
	nobility	Adel
	noble	adlig
	noise	Lärm
	no-one	niemand
	nosy	neugierig
	not at all	überhaupt nicht
to	not mind sth	nichts gegen etw haben
	Not so good, eh?	Doch nicht so gut?
	note	Notiz, Brief; Banknote
to	notice	bemerken
	noticeably	merklich, sichtbar
	number code	Zahlencode

O

	obituary	Todesanzeige; Nachruf
	obliged	hier: dankbar
	observant	aufmerksam
	observation	Beobachtung
	obvious	offensichtlich
	obviously	offensichtlich
	occasion	Gelegenheit
	occasional	gelegentlich
	of mine	eine/r/s meiner
	off	hier: frei
to	offer	anbieten
to	offer condolences	Beileid bekunden
	office	Büro
	officially	offiziell
	oh dear	ohje
	on	hier: auf dem Herd
	on behalf of	im Namen
	on him	hier: dabei
	on sb's mind	in jds Kopf
	on such short notice	so kurzfristig
	on the wrong track	auf der falschen Fährte
	on your account	deinetwegen
	one	man
	one time	einmal
	one's self	das Selbst
	open season	Jagdsaison
	out and about	unterwegs
	outburst of tempers	Gefühlsausbruch
	outdoor	draußen
	overly	übermäßig
	overwhelmed	überfordert

P

	pack	hier: Trage
to	paint	malen
	painter	Maler/in
	pair	Paar
	parcel	Päckchen
	parents	Eltern
	part	Teil
	particular	besondere(r/s)
to	pass	hier: geschehen
	past their prime	nicht mehr taufrisch
	pastor	Pastor
	patent	patentiert
	patriarch	Patriach
	patrol	Patrouille
	pay	Bezahlung
	peacock	Pfau
	pedlar	Hausierer/in
to	peel	schälen
	pencil	Stift
	permanent	dauerhaft
	phases of the moon	Mondphasen
	piano	Klavier
	pickled	eingelegt
	pickpocket	Taschendieb/in
	piece of evidence	Beweisstück
	pier	Pier, Landungsbrücke
	pipe	Pfeife
	piper	Dudelsackspieler/in
a	pity	schade
	plan	Plan
	plaything	veraltet: Spielzeug
	poem	Gedicht
	poison	Gift
	poisoned	vergiftet
	poisoner	Giftmischer/in
	poisoning	Vergiftung
	police surgeon	forensischer Pathologe
	poor	arm
	position	hier: Anstellung
	postmaster	Postbeamte/r
	potatoe	Kartoffel
	potent	wirkkräftig
	pound	Pfund (Gewichtsmaß; britische Währung)
	poverty	Armut
	powers of observation	Beobachtungsgabe
	precious	wertvoll
to	prepare	vorbereiten
	prepared	vorbereitet
to	present	schenken
	present	Geschenk
	prestigious	angesehen
	pretty	hübsch; ziemlich
	price	Preis
	prized possession	Wertgegenstand

Auflösung

Archie muss in Pritchards Bibliothek auf einen Stuhl steigen, um das richtige Buch aus dem Regal zu ziehen. Ein Zeitungsartikel und ein weiterer Brief fallen heraus.

> Read the article. The fire happened in the household of my daughter and son-in-law. Shortly before, my daughter confided in me that she thought her husband was having an affair with the maid.

Simon runzelt die Stirn. „That was a couple of years ago, I remember. We all thought it was suspicious, because there wasn't any sign that she tried to escape. We thought maybe she was already dead when the fire started. The procurator fiscal looked into the case, but didn't bring any charges."

Death in House Fire

Elizabeth McGrain, a young servant girl, tragically died in a house fire yesterday. The police are convinced that McGrain was reading in bed when the sheets caught fire.

Die nachfolgenden Ermittlungen können immerhin Pritchards Morde an seiner Frau und seiner Schwiegermutter nachweisen. Beide hatte er mit den Giften Antimon und Aconitum, dem Gift des Eisenhuts langsam ermordet, während er vorgab, sich rührend um sie zu kümmern. Die Presse gab ihm den Spitznamen „Das menschliche Krokodil", weil den Reptilien nachgesagt wird, dass sie Tränen in den Augen haben, während sie ihre Opfer zerbeißen. Der Hinrichtung Pritchards wohnten Tausende bei – und davon hatten wohl die wenigsten Tränen in den Augen. Er war der letzte Schotte, der in Glasgow öffentlich gehängt wurde. Bis Hinrichtungen in Schottland gänzlich eingestellt wurden, dauerte es aber noch ein Jahrhundert.

WORTSCHATZ

to confide in sb *jdm etw anvertrauen*
affair *Beziehung, Affäre*
maid *Hausangestellte*
to catch fire *Feuer fangen*
suspicious *verdächtig*
procurator fiscal *etwa: Staatsanwalt*
to bring charges *Anklage erheben*

CASE FILES
WORTLISTE

	probably	wahrscheinlich	to ring the bell	klingeln
	prominent	bekannt	to rise	hochgehen, steigen
to	promise	versprechen	to risk	riskieren
	pronounced	sichtbar, deutlich	rival	Rivale, Rivalin
	proof	Nachweis	robbery	Raub, Raubüberfall
to	protect	schützen	rock	Stein
	proud	stolz	romance	Romanze
to	prove	beweisen; nachweisen	rough	hier: hart
	purchase	Kauf	to round	umrunden
	puzzled	verwirrt	rubbish tip	Müllhalde
			to ruin	ruinieren

Q

question	Frage
quick	schnell
quite	sehr, ziemlich
quite the country gentleman	ganz der Gentleman vom Lande

rumour — Gerücht
to run away — weglaufen
to run errands — Erledigungen machen
to run wild — hier: mit ihr durchgehen
to rush — stürzen, rasen

R

to ransack — plündern
rapidly — schnell
ratbag — veraltet: Drecksack
rather — eher gesagt
to react to sth — auf etw reagieren
reading table — Lesetisch
real — ugs für really
reason — Grund voll und ganz
to receive — erhalten
recent — letzte, zurückliegende
to recognise — erkennen
to reconcile — sich versöhnen
recover — genesen
refreshingly — erfrischend
regarding — wegen, in Bezug auf
to register — eintragen
relating to — bezüglich
relationship — Beziehung
to rely on sb — sich auf jmd verlassen
to remember sth — sich an etw erinnern
to remove — entfernen
rent — Miete
to rent — mieten
repetitive — Routine-, sich wiederholend
to report — berichten
to re-settle — umsiedeln
resident — Bewohner/in
responsibilities — Aufgaben
to rest in peace — in Frieden ruhen
resurrection — Auferstehung
to return — zurückkehren; zurückgeben
to reveal — aufdecken
rhyme — Reim
rich — reich
rifle — Gewehr
rifle cleaning rod — Gewehrputzstock

S

salon — Salon
sandwich — belegtes Brot
to save — retten
scandalous — skandalös
scar — Narbe
scared — verängstigt
scary — gruselig
schoolmaster — veraltet: Lehrer
scientific — wissenschaftlich
scraps of leather — Lederstücke
scratch — Kratzer
to scream — schreien
to search the house — das Haus durchsuchen
season — Saison, Jahreszeit
secluded — abgelegen, isoliert
secret — Geheimnis
to seem — scheinen
selfish — egoistisch
to sell — verkaufen
sensational — großartig
servant — Bedienstete/r
service — hier: Gottesdienst
to set up one's office — sich ein Büro einrichten
severe — schwerwiegend
severely ill — ernsthaft erkrankt
shame on you — schäm dich
shameless — schamlos
to share — teilen
sheep — Schaf
sheriff — Schottland (hist.): Grafschaftsvogt, Amtsrichter
to shock — schockieren
shock — Schock
shocked — schockiert
shoe size — Schuhgröße
shoemaker — Schuhmacher
shooter — Schütze, Schützin

140

CASE FILES
WORTLISTE

	shortly	kurze Zeit	
	shot	Schuss	
	shoulder	Schulter	
to	show up	auftauchen	
	sick	krank	
to	sign	unterschreiben	
	silence	Ruhe	
	since	da	
	singing voice	Gesangsstimme	
	single	einzige(r/s)	
	six feet	sechs Fuß (= knapp zwei Meter)	
	skull	Schädel	
to	slow	verlangsamen	
	smart	schlau	
	smell	Geruch	
to	smell sth	etw riechen	
	smoking room	Rauchersalon	
	so far	bisher	
	sober	nüchtern	
	so-called	sogenannte	
	socialite	Person des öffentlichen Lebens	
	somehow	irgendwie	
	something bad	etwas Schlimmes	
	sometime	irgendwann	
	son-in-law	Schwiegersohn	
	sorry for your loss	herzliches Beileid	
to	speak ill of sb	schlecht über jdn reden	
	specimen	Probe, Objekt	
to	spin	(Wolle) spinnen	
to	split up	sich aufteilen	
to	spoil	hier: verwöhnen	
to	spot sth	etw entdecken	
	spy	Spion/in	
	spy business	Spionagegeschäfte	
	stable	Stall	
to	stand a chance	eine Chance haben	
to	stand up for sb	sich für jmd einsetzen	
to	startle sb	jdn erschrecken	
to	steal	stehlen	
	steamer	Dampfschiff	
	step	Schritt	
to	step out	ausgehen	
	stomach cramps	Bauchkrämpfe	
to	store sth	etw aufbewahren	
	story	Geschichte	
	strange	seltsam	
	stranger	Fremde/r	
to	strike sb as sth	jdm als etw vorkommen	
to	strip sb of sth	jdm etw abnehmen	
	stroke	Schlaganfall	
	stubborn	stur	
	student	Student/in	
to	study	studieren	
	stupid	dumm	

	substance	Substanz; hier: Chemikalie	
	suddenly	plötzlich	
to	suffer	leiden	
to	suffer a shock	einen Schock erleiden	
	sufficient	ausreichend	
	suicide	Suizid	
	sum	Summe	
	supper	Abendessen	
	supplier	Lieferant/in	
to	suppose	denken, schätzen	
	surgeon	Chirurg/in	
	surgery	Arztpraxis	
to	surprise sb	jdn überraschen	
	surprised	überrascht	
to	survive	überleben	
	suspect	Verdächtige/r	
to	suspect	vermuten, verdächtigen	
	suspicion	Verdacht	
	suspicious	verdächtig; misstrauisch	

T

to	take a look at sth	sich etw anschauen	
to	take a walk	spazieren gehen	
to	take care of sth	sich um etw kümmern	
	Take heart!	Sei mutig!	
to	take no for an answer	ein Nein akzeptieren	
to	take out insurance	eine Versicherung abschließen	
to	take over	übernehmen	
to	take sb for sth	jdn für etw halten	
to	take sth seriously	etw ernst nehmen	
	talk	Gerede; Rede	
to	tap	anzapfen	
	task	Aufgabe	
	tasteless	geschmacksneutral	
	tattoo	Tätowierung	
to	taunt sb	jmd verhöhnen	
	tear	Träne	
	technical understanding	Technikverständnis	
	tedious	mühsam	
to	tell	bemerken, feststellen	
	terrible	furchterregend	
	that's the thing	das ist es ja gerade	
	That's the thing!	Das ist es ja gerade!	
	the Good Book	die Heilige Schrift	
	the good life	ein sorgenfreies Leben	
	the military type	der Typ fürs Militär	
	the same	genau der/die	
	theft	Diebstahl	
	these days	zur Zeit	
	this kind of money	solche Geldsummen	
	though	jedoch	

	thought	Gedanke	
to	threaten	drohen	
	tight-knit community	eng verwobene Gemeinschaft	
	toast	Toast	
	together	zusammen	
	tragic	tragisch	
to	treat sb	jdn behandeln	
	tree trunk	Baumstamm	
to	trouble sb	jdm Kummer machen	
	troubled	beunruhigt	
	troublesome	schwierig	
	true	wahr	
	trunk	Truhe; Koffer	
to	trust	vertrauen	
	tsp = teaspoon	TL = Teelöffel	
	tub	Kübel, Wanne	
to	tuck sb up	jmd fest zudecken	
	tutor	Privatlehrer/in	
	'twas	kurz für: it was	
	twice	zwei Mal	

U

understandable	verständlich
unfairly	ungerecht
ungodly hour	unchristliche Zeit
unless	außer
unlike	anders als
unnecessarily	unnötig
unusual	ungewöhnlich
up until now	bis jetzt
to urge sb to do sth	jmd dringend bitten, etw zu tun
urgent	dringend
usual	üblich
usually	üblicherweise

V

vain	eitel
victim	Opfer
village	Dorf
violence	Gewalt
visibly	sichtbar
visit	Besuch
visitor	Besucher/in
vivid	lebhaft
voice	Stimme
voyage	Reise

W

to wake up to the fact	es dämmert jdm
to walk on	weitergehen
wallet	Geldbörse
warehouse	Lagerhaus
we had better	es wäre besser, wenn wir
weak	schwach

wealth	Reichtum, Wohlstand
wealthy	wohlhabend
to wear	tragen
wedding	Hochzeit
weight	Gewicht
weirder still	noch seltsamer
well	also; gut
well-dressed	gut angezogen
well-educated	gut erzogen
well-liked	beliebt
well-used	vielbenutzt
whenever	immer wenn
Where do we go from here?	Wie mchen wir jetzt weiter?
whereabouts	Aufenthaltsort
whether	ob
a while	eine Weile
whirlwind	Wirbelwind
whisky	Whiskey
whoever	wer auch immer
whole	ganz
whom	dem, den, der
whose	dessen, deren
widow	Witwe
widower	Witwer
to wish	wünschen
witness	Zeuge, Zeugin
to wonder	sich fragen
wool	Wolle
to work miracles	wahre Wunder vollbringen
worried sick	krank vor Sorge
worth	wert
worthy	würdig
would you care for	hätten Sie gern
wound	Wunde
writing	Schreiben
wrought-iron	schmiedeeisern

Y

yearly	jährlich
your old morbid self	so morbide wie eh und je

Bildnachweis

Adobe Stock, Dublin: 34 (Sergey Kamshylin); **47.1** (Tryfonov); **47.2** (Freesurf); **49** (Archivist); **57** (InputUX); **62** (Caesart); **70** (Anja Kaiser); **89.1** (Natalia); **105** (amorroz); **Getty Images, München: 9ff**, **9ff** (LiliGraphie); **15ff** (Capstoc); **19** (Alhontess); **77** (duncan1890); **4ff** (Dimitris66); **4ff** (browndogstudios); **4ff** (lushik); **7ff**, **U1** (charliepix); **9ff** (Paperkites); **U1** (bubaone); **U1** (ke77kz); **Shutterstock, New York: 33ff**, **93** (Bodor Tivadar); **3** (onot); **5** (Alex Rockheart); **7.1** (Obsidian Fantasy Studio); **7.2** (Morphart Creation); **27.1** (antonpix); **27.2** (A Jellema); **38** (serg_65); **U1** (Akshay Dhameliya); **U1** (Aleks Melnik); **U1** (Andrey_Kuzmin); **U1** (Armagadon); **U1** (ArtMari); **U1** (alexkoral); **44** (pimlena); **69.1**; **82** (Istry Istry); **69** (Creative Nature Media); **71** (Nata_Alhontess); **92** (AwaGraphicArts); **95** (SublimationBrandon); **103** (Channarong Pherngjanda); **Wikimedia Commons, San Francisco: 23** (By George Andrew Lutenor; Public Domain, https://commons.wikimedia.org); **89.2** (By Cramb Brothers (James and John), Public Domain, https://commons.wikimedia.org);**96** (https://wellcomecollection.org/works/u3vvaqyg - public domain mark - Lithograph, 1857, after W.H. Simmons after J. Collinson)

Rätselillustration von Inga Steinmetz.

Mörderisches zum Mitfiebern

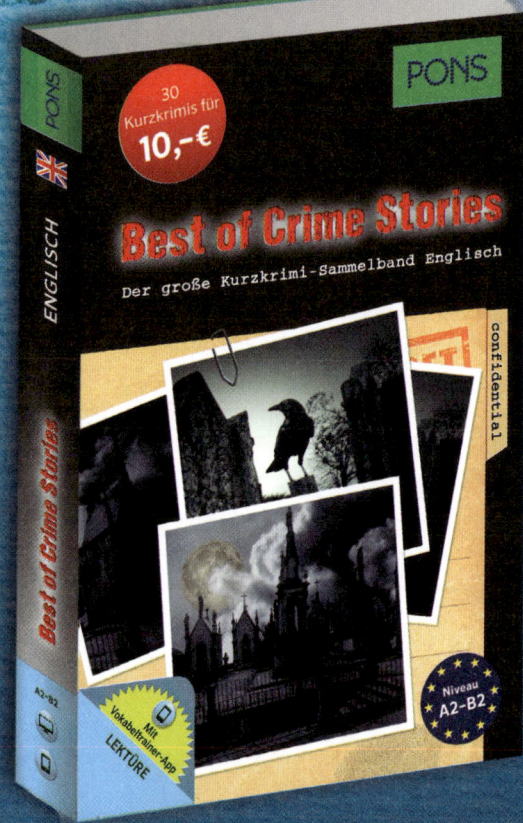

- Englisch lernen mit mörderischen Kurzgeschichten.
- Die besten Kurzkrimis von PONS zum Sprachenlernen gesammelt in einem Band.
- Schwierige Wörter werden extra erklärt.
- Der Wortschatz aus jeder Geschichte kann mit der PONS Vokabeltrainer-App gelernt und geübt werden.
- Empfohlen ab 16 Jahren

ISBN 978-3-12-562994-3